JN094480

介護スタッフのための　医療の教科書

看取りケア

著　介護と医療研究会

監修　水野敬生

SE
SHOEISHA

本書内容に関するお問い合わせについて

このたびは翔泳社の書籍をお買い上げいただき、誠にありがとうございます。弊社では、読者の皆様からのお問い合わせに適切に対応させていただくため、以下のガイドラインへのご協力をお願い致しております。下記項目をお読みいただき、手順に従ってお問い合わせください。

●ご質問される前に

弊社Webサイトの「正誤表」をご参照ください。これまでに判明した正誤や追加情報を掲載しています。

正誤表　　　　　https://www.shoeisha.co.jp/book/errata/

●ご質問方法

弊社Webサイトの「書籍に関するお問い合わせ」をご利用ください。

書籍に関するお問い合わせ　　https://www.shoeisha.co.jp/book/qa/

インターネットをご利用でない場合は、FAXまたは郵便にて、下記"翔泳社 愛読者サービスセンター"までお問い合わせください。
電話でのご質問は、お受けしておりません。

●回答について

回答は、ご質問いただいた手段によってご返事申し上げます。ご質問の内容によっては、回答に数日ないしはそれ以上の期間を要する場合があります。

●ご質問に際してのご注意

本書の対象を超えるもの、記述個所を特定されないもの、また読者固有の環境に起因するご質問等にはお答えできませんので、あらかじめご了承ください。

●郵便物送付先およびFAX番号

送付先住所　　〒160-0006　東京都新宿区舟町5
FAX番号　　　03-5362-3818
宛先　　　　　（株）翔泳社 愛読者サービスセンター

［ はじめに ］

　2006年4月に介護老人福祉施設（特別養護老人ホーム）の「看取り介護加算」が創設されてから、まもなく18年がたちます。高齢者施設での看取り件数は年々増加し、現在、特別養護老人ホームの約8割が看取りケアを実施しています。

　回復の見込みがあるかないかを十分に評価することなく、ほぼ一律に行われてきた高齢者に対する延命処置に疑問が投げかけられ、また、生活の場とは程遠い医療機関で最期を迎えることへの是非も問われるようになり、「自然な死」「平穏な死」を望む声が少しずつ大きくなってきています。しかし、「死」のあり方についての議論は人権の尊重や生命の尊厳と切り離せず、一つの答えを出すことは今後も難しいでしょう。

「看取りケア」の真髄は、最期まで尊厳が尊重され、大切にするという気持ち、すなわち人間愛ではないでしょうか。そして、その気持ちが伝わったとき、「この施設を選んでよかった」「ここの人たちと人生の最後を一緒に過ごせてよかった」と感じてもらえるのかもしれません。

　介護の仕事は楽なものではなく、看取りにも心身の負担を伴いますが、その分大きな学びやよろこびがあります。終の住処として選ばれた場所で、人生の先達であり、戦中戦後という苦しい時代を乗り越えて日本をつくり上げてきた方々の人生の最終章を支え、寄り添う仕事に誇りを持って取り組む一助に本書がなれば幸いです。

2024年3月　介護と医療研究会

本書の使い方

本書は6つのPartで構成されています。Part1では看取りケアの考え方について、Part2では基本的な看取りケアの進め方について、Part3では実際に看取りケアを行う際の技術について、Part4では入所者が亡くなった後のケアについて、Part5では在宅介護中の看取りについて、Part6では主に新人の介護職員への教育について解説しています。

右ページでは内容をより理解し
やすいように、図解しています

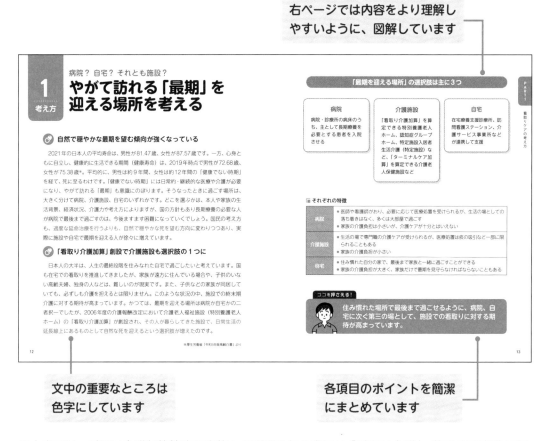

文中の重要なところは
色字にしています

各項目のポイントを簡潔
にまとめています

※本書では、看取り介護加算算定や家族への説明を行う際には「看取り介護」、施設内で実際に行う介助については「看取りケア」としています。

実践シート

　本書の読者特典として、実践シートをダウンロードしてご利用いただけます。ダウンロードページの詳細は、巻末に記載のWebサイトをご覧ください。

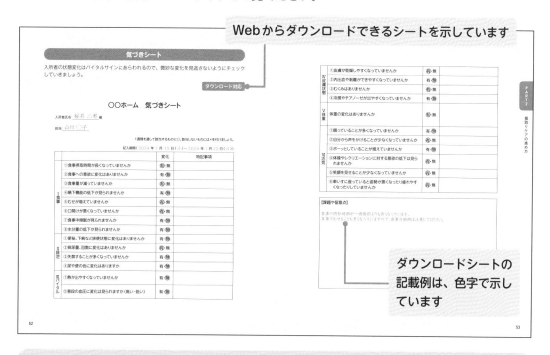

　ファイルにはWord形式のシートと、PDF形式のシートがあります。必要に応じて出力し、ご利用ください。Word形式のシートは、本文をご参照のうえ、ケースに応じてカスタマイズしていくとよいでしょう。見出しの横に ダウンロード対応 マークがあれば、そのシートをご用意しています。

【注意】

※会員特典データのダウンロードには、SHOEISHA iD（翔泳社が運営する無料の会員制度）への会員登録が必要です。詳しくは、Webサイトをご覧ください。

※会員特典データに関する権利は著者および株式会社翔泳社が所有しています。許可なく配布したり、Webサイトに転載することはできません。

※会員特典データの提供は予告なく終了することがあります。あらかじめご了承ください。

もくじ

PART 1
看取りケアの考え方

PART 2
看取りケアの進め方

PART 3
看取りケアの技術

PART 4
死後のケア

PART 5
自宅における看取り

PART 6
スタッフの教育とケア

PART 1

看取りケアの考え方

病院？ 自宅？ それとも施設？

やがて訪れる「最期」を迎える場所を考える

 自然で穏やかな最期を望む傾向が強くなっている

　2021年の日本人の平均寿命は、男性が81.47歳、女性が87.57歳です。一方、心身ともに自立し、健康的に生活できる期間（健康寿命）は、2019年時点で男性が72.68歳、女性が75.38歳※。平均的に、男性は約9年間、女性は約12年間の「健康でない時期」を経て、死に至るわけです。「健康でない時期」には日常的・継続的な医療や介護が必要になり、やがて訪れる「最期」も意識にのぼります。そうなったときに過ごす場所は、大きく分けて病院、介護施設、自宅のいずれかです。どこを選ぶかは、本人や家族の生活背景、経済状況、介護力や考え方によりますが、国の方針もあり長期療養の必要な人が病院で最後まで過ごすのは、今後ますます困難になっていくでしょう。国民の考え方も、過度な延命治療を行うよりも、自然で穏やかな死を望む方向に変わりつつあり、実際に施設や自宅で最期を迎える人が徐々に増えています。

 「看取り介護加算」創設で介護施設も選択肢の1つに

　日本人の大半は、人生の最終段階を住みなれた自宅で過ごしたいと考えています。国も在宅での看取りを推進してきましたが、家族が遠方に住んでいる場合や、子供のいない高齢夫婦、独身の人などは、難しいのが現実です。また、子供などの家族が同居していても、必ずしも介護を担えるとは限りません。このような状況の中、施設での終末期介護に対する期待が高まっています。かつては、最期を迎える場所は病院か自宅かの二者択一でしたが、2006年度の介護報酬改定において介護老人福祉施設（特別養護老人ホーム）の「看取り介護加算」が創設され、その人が暮らしてきた施設で、日常生活の延長線上にあるものとして自然な死を迎えるという選択肢が増えたのです。

※厚生労働省「令和5年版高齢白書」より

「最期を迎える場所」の選択肢は主に３つ

病院

病院・診療所の病床のうち、主として長期療養を必要とする患者を入院させる

介護施設

「看取り介護加算」を算定できる特別養護老人ホーム、認知症グループホーム、特定施設入居者生活介護（特定施設）など、「ターミナルケア加算」を算定できる介護老人保健施設など

自宅

在宅療養支援診療所、訪問看護ステーション、介護サービス事業所などが連携して支援

▭ それぞれの特徴

病院	● 医師や看護師がおり、必要に応じて医療処置を受けられるが、生活の場としての落ち着きはなく、多くは大部屋で過ごす ● 家族の介護負担は小さいが、介護ケアが十分とはいえない
介護施設	● 生活の場で専門職の介護ケアが受けられるが、医療処置は痰の吸引など一部に限られることもある ● 家族の介護負担が小さい
自宅	● 住み慣れた自分の家で、最後まで家族と一緒に過ごすことができる ● 家族の介護負担が大きく、家族だけで最期を見守らなければならないこともある

ココを押さえる！

住み慣れた場所で最後まで過ごせるように、病院、自宅に次ぐ第三の場として、施設での看取りに対する期待が高まっています。

日本人の死亡場所は変化している

高齢者の死と看取りの現状

自宅で最期を迎えたいと考える人は少なくない

　かつて、日本人のほとんどは人生の最期を自宅で迎えましたが、医療機関で亡くなる人が徐々に増え、1970年代半ばに逆転。最近では7割前後の人が医療機関で亡くなっています。しかし、本音では自宅で最期を迎えたいと思っている人が少なくありません。厚生労働省が2022年に行った「人生の最終段階における医療・ケアに関する意識調査」の結果をみると、「人生の最終段階を過ごしたい場所」として最も多いのは自宅の43.8%でした。医療機関は41.6%、介護施設は10.0%でした※。自宅で最期を迎えることを選択した理由としては、「住み慣れた場所で最期を迎えたいから」「最期まで自分らしく好きなように過ごしたいから」「家族等との時間を多くしたいから」などが上位にあがっています。一方、自宅以外を選択した理由は、「介護してくれる家族等に負担がかかるから」が第1位です。

在宅での看取りは、家族の介護力低下などにより困難

　医療機関で亡くなる人の数は、2021年で約97万人。介護老人保健施設・老人ホームで亡くなる人は約20万人、自宅は約24万8000人です。医療機関で亡くなる人はこの10年で減少傾向にありますが、介護施設や老人ホーム、自宅は少しずつ増えています。介護保険制度の利用拡大によって自宅での看取りが増えると期待されましたが、実際には、核家族化などの影響で家庭の介護力は低下しており、自宅での看取りを大きく増やすのは難しそうです。また前述したように、介護する家族の負担や緊急時の対応への不安から、高齢者自身も自宅以外で最後まで療養したいと考えている人が多く、また制度の整備も進んでおり、今後、介護施設で最期を迎える人が増えていくのは確かなことです。

※病気で治る見込みがなく、およそ1年以内に徐々にあるいは急に死に至ると考えたとき

日本人が最期を迎える場所をデータでみる

▣ 日本人の死亡場所の構成割合の変化

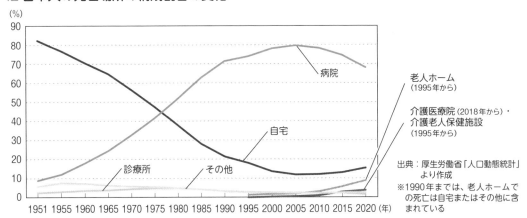

病院

老人ホーム
（1995年から）

介護医療院（2018年から）・
介護老人保健施設
（1995年から）

自宅

診療所　　その他

出典：厚生労働省「人口動態統計」
より作成
※1990年までは、老人ホームで
の死亡は自宅またはその他に含
まれている

▣ 実際の死亡場所と希望のギャップ

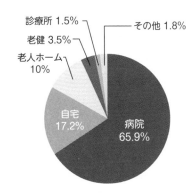

診療所 1.5%
その他 1.8%
老健 3.5%
老人ホーム 10%
自宅 17.2%
病院 65.9%

日本人の現在の死亡場所

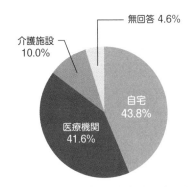

無回答 4.6%
介護施設 10.0%
自宅 43.8%
医療機関 41.6%

人生の最終段階を過ごしたい場所

出典：厚生労働省「令和3
年人口動態統計」、「令
和4年度 人生の最終
段階における医療・
ケアに関する意識調
査報告書」（https://
www.mhlw.go.jp/
toukei/list/dl/-
saisyuiryo_a_r04.
pdf）より作成

ココを押さえる！

介護施設や自宅で亡くなる人が少しずつ増加していま
す。今後は家族の負担を考慮して介護施設で死亡する
人が増えると予測されています。

考え方 **3**

「看取り期」はいつからいつまでをいうの？

「死」は生活の延長線上
特別なことではない

 看取りは日常生活の先にいつか必ず訪れるもの

「看取り」という言葉は、日本独特のものです。明確な定義はいまのところありませんが、全国老人福祉施設協議会（全国老施協）の『看取り介護指針・説明支援ツール』では、「近い将来、死が避けられないとされた人に対し、身体的苦痛や精神的苦痛を緩和・軽減するとともに、人生の最期まで尊厳ある生活を支援すること」となっています。

　つまり、「看取り期」とは、医師により「近い将来、死が避けられない」と判断されたときから、死亡までの間ということができるでしょう。ただし、介護施設において「死」は生活の延長線上にあります。そのように考えると、やがて訪れるものとして施設に入所したときから意識されるものであり、また、かつては自宅で自然にその時期を迎えていたことからも、決して「特別なこと」ではありません。看取り期のケアはデリケートなものではありますが、日常的なケアの一つとして充実を図ることが大切です。

 その人の看取りにかかわるすべての人が認識を共有

　看取り期には、心身機能の障害や衰弱が著しく、明らかに回復は望めない状態であるという認識を、施設のスタッフと家族がしっかり共有する必要があります。「近い将来、死が避けられない」という判断は、医師がその人の状態や経過を観察し、一般に認められている医学的知見に基づいて行いますが、その判断を看取りにかかわるすべての人が受け止め、心を一つにして、安らかな最期に向け進むことが看取りケアの大前提です。

　看取り期はその人の死亡をもって終わるものではありません。死後に家族がお別れをする時間や、亡くなった人の身だしなみを整え、お化粧をするなどの死後の処置（エンゼルケア、エンゼルメイク）、家族の悲しみをケアすることも看取り期の大切なケアです。

「看取り期」を理解するために、「看取り」の定義を知る

「看取り」とは

「近い将来、死が避けられないとされた人に対し、身体的苦痛や精神的苦痛を緩和・軽減するとともに、人生の最期まで尊厳ある生活を支援すること」

（全国老人福祉施設協議会『看取り介護指針・説明支援ツール』）

一般的な「看取り期」

施設入所	衰弱	看取り期	看取り（死亡）
・最期をどのように迎えたいか希望を確認 ・施設側の看取りに対する考え方を説明	・安定期・急性増悪期・回復期を経て衰弱期に至る ・今後の経過予測（衰弱・回復）を説明	・医師が「近い将来、死が避けられない」と判断 ・最期の迎え方を施設スタッフと家族が改めて共有	・医師の死亡診断 ・死後の処置 ・家族の悲しみのケア（グリーフケア）

• 看取り介護加算の定義と目的

看取り介護加算は、医師が一般に認められている医学的知見に基づき回復の見込みがないと診断した入所者について、その旨を入所者又はその家族等（以下「入所者等」という。）に対して説明し、その後の療養及び介護に関する方針についての合意を得た場合において、入所者等とともに、医師、看護職員、生活相談員、介護職員、管理栄養士、介護支援専門員等が共同して、随時、入所者等に対して十分な説明を行い、療養及び介護に関する合意を得ながら、入所者がその人らしく生き、その人らしい最期が迎えられるよう支援することを主眼として設けたものである

（平成12年3月8日老企第40号厚生省老人保健福祉局企画課長通知）（抄）【令和4年6月23日最終改正】

ココを押さえる！

看取り期は、一般に医師が判断したときから始まりますが、高齢者介護においては日常生活の延長線上にあるものと理解しましょう。

「緩和ケア」の中に看取りケアがある

体の痛みを取るだけ ではない緩和ケア

 生命を脅かす疾患の問題に直面している人に必要な「緩和ケア」

「緩和ケア」というと、がん末期の人に行うものと思われがちですが、それだけではありません。WHO（世界保健機関）は、緩和ケアを、「生命を脅かす疾患による問題に直面している人とその家族に対して、痛みやその他の身体的問題、心理社会的問題、スピリチュアルな問題を早期に発見し、的確なアセスメントと対処を行うことによって、痛みや苦しみを予防し、和らげることで、QOL（クオリティ・オブ・ライフ）を改善するアプローチである」と定義しています。このように緩和ケアの意味は広く、老衰を含めどんな病気であれ必要としている人に対して積極的に行われるものです。

1970年代に緩和ケアの考え方が生まれて以来、主にがんの人に対するケアとして発展してきましたが、今ではさまざまな病気に対象が広がっています。

 緩和ケアの中に看取りケアがある

看取りケアは、緩和ケアという大きな概念の中に含まれるものです。つまり、看取りケアは緩和ケアの一部であり、看取りケアの中に緩和ケアがあると考えるのは、厳密には正しくありません。高齢者の多くは、病気や老衰によって体が衰えるにつれ、「死」を強く意識するようになります。体の痛みや、徐々に動けなくなっていくことへの不安、家庭内の人間関係や相続の問題、さらには人生の意味など、その人を悩ませる苦痛のすべてが緩和ケアの対象になり、看取りケアもそれらに寄り添ったものとなります。

体の痛みをとるケアをしたり、不安を和らげる声かけをしたりすることは、緩和ケアの一技術であり、それを身につけて実践することは大切ですが、緩和ケアの本質を理解しておかないと、うわべだけのケアになってしまいます。

QOLを改善する「緩和ケア」

緩和ケアとは

「生命を脅かす疾患による問題に直面している人とその家族」に対して行うもの。「死」を強く意識するようになる高齢者とその家族にも必要

緩和ケア

看取りケア

🔲 緩和ケアの対象になる4つの苦痛

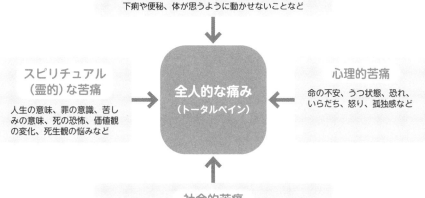

身体的苦痛
特定の部位の痛みやかゆみ、しびれ、だるさ、不眠、食欲不振、下痢や便秘、体が思うように動かせないことなど

スピリチュアル（霊的）な苦痛
人生の意味、罪の意識、苦しみの意味、死の恐怖、価値観の変化、死生観の悩みなど

全人的な痛み（トータルペイン）

心理的苦痛
命の不安、うつ状態、恐れ、いらだち、怒り、孤独感など

社会的苦痛
家庭内の問題、相続の問題、経済的な問題、仕事上の問題、友人知人との人間関係の問題など

ココを押さえる！

緩和ケアは、全人的な苦痛（身体的・心理的・社会的・スピリチュアル）を和らげ、QOLを向上させるもの。本質を正しく理解しておくことが大切です。

9割近くの施設が実施に前向き

施設における看取りケアの現状

 9割近くの施設が看取りに前向きな姿勢を示している

　全国の介護老人福祉施設、地域密着型介護老人福祉施設を対象に、2019年に行われた調査では、看取りの受け入れ方針について、「『ホームで亡くなりたい』という希望があれば、受け入れる」と回答した施設は87.9%でとても高い割合です。2017年の調査に比べ、4.5ポイント増加しています。また、看取り介護加算の算定状況をみてみると、算定の届け出をしている施設は、看取り介護加算（Ⅰ）が51.2%、（Ⅱ）が11.3%でした。算定件数（2019年1月から6月の累計）は、（Ⅰ）は1施設当たり平均で3.8件、（Ⅱ）は4.5件でした。

　一方、看取り介護加算の届け出をしていない、または算定件数が「0」件の理由は、「加算を算定する要件を満たすことが困難であった」が46.4%、「加算を算定する意向がなかった」が24.4%です。看取りを行うことに前向きな施設でも、その全てが実践できているわけではありませんが、施設で看取るという動きは着実に大きくなっています。

年間160万人が死亡する社会で看取りケアの需要は増す

　高齢化に伴って年間の死亡数は増加しています。2017年は約134万人でしたが、2022年は約156万9,000人。ピークとなる2040年には年間167万人が死亡すると予測されています。このような状況の中、人生の最終段階に適切な看取りケアを提供するためには、施設による看取りが欠かせず、それを担うのは介護施設のスタッフです。

　人の死に向き合うことには多くの人が戸惑いを感じます。医療の専門知識が少ない介護職員は戸惑いが強いかもしれません。しかし、それを乗り越えてよい看取りケアが提供できたときには達成感と大きなやりがいを感じられるでしょう。

データで見る施設での看取りケア

▐ 看取りの受け入れ方針

全体（n=488）

| | 87.9 | 9.2 | 2.9 |

0　　　　20　　　　40　　　　60　　　　80　　　　100 (%)

■「ホームで亡くなりたい」という希望があれば、受け入れる　　原則的に受け入れていない　　■無回答

▐ 看取り介護加算の算定状況

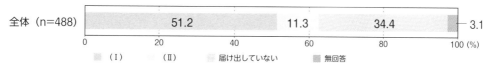

全体（n=488）

| | 51.2 | 11.3 | 34.4 | 3.1 |

0　　　　20　　　　40　　　　60　　　　80　　　　100 (%)

■（Ⅰ）　　（Ⅱ）　　届け出していない　　■無回答

出典：三菱UFJリサーチ＆コンサルティング「介護老人福祉施設における看取りのあり方に関する調査研究事業 報告書」令和2年3月公表

▐ 死亡数の推移と将来推計

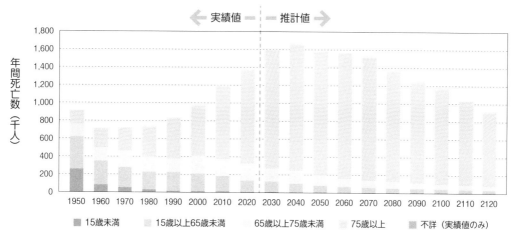

←　実績値　　｜　推計値　→

年間死亡数（千人）

■ 15歳未満　　　15歳以上65歳未満　　　65歳以上75歳未満　　　75歳以上　　　■ 不詳（実績値のみ）

出典：2020年までは厚生労働省「人口動態統計（令和3年）」、
　　　2030年以降は国立社会保障・人口問題研究所「日本の将来推計人口（令和5年推計）：出生中位・死亡中位推計」より作成

ココを押さえる！

さまざまなデータから、看取りケアに取り組む施設は増えていることがわかります。看取り介護加算の算定要件をどう満たすかが課題となっています。

6

考え方

介護度の重い入所者が増加

施設入所者の
介護度や疾病への対応

💊 介護度が重く、複数の疾病を持つ高齢者のリスク

　厚生労働省の統計によると、介護福祉施設サービス（入所定員が30人以上の特別養護老人ホーム）では、要介護3から要介護5の割合が多く、合計すると96.5%を占めます。介護療養施設サービス（介護療養型医療施設）および介護医療院サービスでは、要介護4と要介護5が合わせて8割以上です。介護療養型医療施設は2024年3月末で廃止され、2018年4月に新設された介護医療院がその役割を引き継ぎました。介護医療院は、日常的な医療ケアと生活施設としての2つの機能を兼ね備えた施設です。

　入所者の多くは、加齢に伴う心身の機能低下に加え、呼吸器系、循環器系、代謝系などの慢性疾患を有し、心疾患や脳血管疾患の後遺症や、大腿骨頸部骨折など整形外科疾患による機能障害を抱えていることもあります。このような状況の人は、疾病の悪化や再発、新たな疾病発症のリスクが高く、いつ何が起こっても不思議ではありません。

💊 「看取りケア希望＝病院に搬送しない」ではない

　看取りケアを希望している入所者でも、医師により治療が必要と判断されれば病院に搬送します。「看取りケア希望＝病院に搬送しない」というわけではないのです。医療業界では、高齢者への過剰医療の問題とともに、高齢を理由とする過少医療も少なくないことが指摘され始めています。重要なのは、先入観なしに状態を正しく評価し、適切な医療に結びつけることです。施設においても、看取りケアを希望している入所者はどんな場合も医療機関へ搬送しなくてよいという誤った判断をすることは避けなければなりません。配置医師や協力医療機関との連携関係を日頃からしっかり構築し、適切な対応ができるようにしておきましょう。

施設入所者の要介護度

◨ 施設サービスの種類別にみた要介護状態区分別受給者数の割合

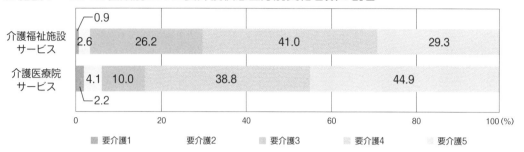

介護福祉施設サービス
2.6　0.9　26.2　41.0　29.3

介護医療院サービス
4.1　10.0　2.2　38.8　44.9

0　20　40　60　80　100 (%)

■ 要介護1　　■ 要介護2　　■ 要介護3　　■ 要介護4　　■ 要介護5

出典：厚生労働省「令和4年度 介護給付費等実態統計」より著者作成（https://www.mhlw.go.jp/toukei/saikin/hw/kaigo/kyufu/22/index.html）

日本老年医学会の立場表明2012

すべての人にとって、「最善の医療およびケア」を受ける権利は基本的人権のひとつである。どのような療養環境にあっても、たとえ高齢で重い障害があっても、「最善の医療およびケア」が保障されなくてはならない。

看取りケアが始まるのは、近い将来死が避けられず、「回復の見込みがない」と医師が判断したとき。回復の可能性があるのに医療につなげないことは、最善の医療を受ける権利を阻害し、病状が改善、治癒する機会を失わせることです

ココを押さえる！

要介護度の重い施設入所者は、疾患リスクも高くなっています。状態変化の原因に応じて、適切に対応することが求められています。

「死」とどのように向き合うか

看取りケアの意義と心得

 「死の質 (QOD)」という考え方

死の近づいた人が尊厳ある最期を迎えられるように、近年、「死の質」を高めるケアが注目を集めています。「死の質」とは、クオリティ・オブ・デス（QOD）の日本語訳です。英経済誌が発表したQODのランキング※で、日本は2012年が23位、2015年が14位でした。現在、日本のQODがどれほど向上しているのか、客観的に示すデータはありませんが、少しずつよい方向へ向かっていると信じたいものです。

今後、QOL（生命の質、生活の質）と並び、QODの重要性が増していくことは確かでしょう。2015年に厚生労働省が、それまで「終末期医療」と記していたものを「人生の最終段階における医療」に表記を変更したことも、最後までその人の尊厳を大切にする医療を目指す姿勢を示したものとされています。

 「死」をタブー視しない看取りケア

QODは介護の場にも必要なものです。さまざまな職種が専門性を発揮して、身体的苦痛を取り除くために医療の力も有効に使いながら、心理的苦痛、社会的苦痛、スピリチュアルな苦痛を、可能な限り和らげられるようケアすることが求められます。単に死の瞬間に立ち会ったり、介護ケアを行ったりするのではなく、本人や家族が気がかりに思っていることや、やり残していることがあれば、悔いのない最期を迎えられるように支援する看取りケアを目指さなければなりません。

日本では、死は忌むものと考え、正面から語ることをタブーとする傾向が残っていますが、本人や家族も交えてQODを考えることにより、看取りケアはよりよいものになり、「悔いのない最期」あるいは「悔いの少ない最期」の実現につながるはずです。

※英経済誌「エコノミスト」による。2012年版は主要40カ国、2015年版は主要80カ国が調査対象

QOD（死の質）と看取りケア

QODとは？

米国医学研究所の「終末期ケアに関する医療委員会」は、QODを「患者や家族の希望にかない、臨床的・文化的・倫理的基準に合致した方法で、患者、家族および介護者が悩みや苦痛から解放されるような死」と定義している。日本では、「その人らしい尊厳のある死」と表現されることが多い

■ 英経済誌「エコノミスト」が発表したQODランキング

1位	イギリス（93.9）
2位	オーストラリア（91.6）
3位	ニュージーランド（87.6）
4位	アイルランド（85.8）
5位	ベルギー（84.5）
14位	日本（76.3）

日本は23位から
14位へ
ランクアップ！

※かっこ内は100点満点中の点数

日本も緩和ケアが徐々に普及し、穏やかな最期を迎えられるような仕組みが整いつつあります

QODが高い国の特徴

- 医療サービスに対する公的支出の高さ
- 医療従事者に対する緩和ケアトレーニングの充実
- 患者の財政的負担の軽減
- 終末期に対する国民の意識

ココを押さえる！

本人と家族が悔いのない最期を迎えられるように、QODの向上を目指してコミュニケーションを深め、支援することが大切です。

考え方

8

入所から最期までの各ステージを理解

適切な時期に
適切なケアを提供する

 ## ステージごとにアセスメントや支援のポイントは異なる

施設に入所したときから最期を迎えるまでは、「入所期」「安定期」「急性増悪期」「回復期」「衰弱期」「終末期（死別期）」という、6つの時期（ステージ）に分けることができます（右ページの表参照）。ステージとステージの間に明確な境界線があるわけではありませんが、各ステージでアセスメントや支援のポイントは異なり、それぞれの特徴を理解することは、施設サービス計画書立案にも欠かせません。

その人が現在どのステージにあるかを把握し、家族を含めた介護チームが認識を一致させておくことで、適切な時期に適切なケアを提供することができるのです。

 ## ステージを理解することは不安軽減につながる

人が死にゆく過程を間近で見た経験のない施設スタッフは、死へ向かう人の変化に関する知識が十分ではなく、そのことが看取りケアへの不安をかきたてる大きな要因になっています。家族にも同様のことが言えるでしょう。入所から最期を迎えるまでの流れを、ステージの変化として理解できれば、不安の程度を軽くすることができます。

身体的変化を客観的に評価することによって、今後の見通しを立てて必要な準備をしたり、施設側から家族にタイミングよく適切な説明を行ったりすることも可能になり、信頼関係の構築にも役立ちます。

ステージが進むとともに、家族にはお別れの時が近づいてきます。家族は看取りケアを行うチームの一員ですが、ケアを必要としている人でもあるので、できるだけ密にコミュニケーションを図りながら、その心の内にも思いを馳せることが大切です。家族への適切なケアも、安らかな最期のために求められるものの一つです。

入所から最期までのステージ

ステージ	特徴	アセスメントのポイント
入所期	施設の生活に慣れ、身体・精神状態ともに安定していく時期	● 新しい環境で、さまざまな制約はあっても自分らしさを出せるか ● 居心地のよさを感じ、自分の居場所が見つかるか ● 自分なりの役割が見つかるか ● 他者との新たな関係が築けるか
安定期	現状維持にとどまらない可能性の模索・挑戦、ステージが進んだときの希望・意向に変わりがないか確認する時期	● 生活の中でできること、実現したいことなど。それらをかたちにするために必要なものは何か ● 現状以上の可能性、新たな望み・願いはないか
急性増悪期	既往症の再発や原疾患の進行・増悪などがあるものの、医療の介入で回復・改善が期待できる時期	● 急変時の対応を含めた、主治医や入院先、治療、今後の生活に対する希望・意向 ● 医療側のアセスメント、治療、ケアを踏まえた介護ケア
回復期	急性増悪期の経過から、身体の状態が今後どのように変化していくか、それに伴い生活がどう変わっていくか予測する時期	● 医療側の判断に基づくケア ※急性増悪期と回復期を繰り返しながら、徐々に衰弱期に進んでいくこともある
衰弱期	本人・家族に「覚悟」を持ってもらう時期。「最後の望み」をかなえるチャンスとも捉えられる	● 緊急時、終末期の対応に対する希望や意向 ● 最後に会いたい人、伝え残したこと、やり残したことについて支援できる可能性 ● 本人の身辺整理、「死」への心の準備、不安など
終末期（死別期）	病気や老衰の末期、死を待つ時期	● 本人や家族の苦痛や苦悩を取り除く

ココを押さえる！

適切な時期に適切なケアを提供することが、よい看取りにつながります。そのためには、施設スタッフと家族が、共通の認識を持つことが大切です。

スタッフが安心してケアできるように
教育とチームケア体制の確立が必須

看取りケアには、正しい知識や理念を共有する仲間が必要

　死が近づいてくると、食事量が少なくなり、水分もあまり摂れなくなります。眠っていることが増え、声かけや刺激への反応も弱くなっていきます。このような状態の高齢者を前にすると、「医療的なことを何もしない」ということに、多くの介護職は不安を感じるでしょう。「自分の行った身体的ケアをきっかけに状態が悪くなったら」「夜間、自分しかいないときに何かあったら」と怖くなり、実際に呼吸が止まっているのを発見して大きく動揺したり、看取ったあとにそのショックをひきずったりしてしまう可能性もあります。

　そのような事態を避けるには、正しい知識と、理念を共有しながらよりよい看取りというゴールに向かう仲間が必要です。

教育とチームケア体制はスタッフに自信を与え、成長を促す

　繰り返しになりますが、現代日本人のほとんどは、高齢者の死の過程を間近に見る機会がありません。また、大半の人は特定の宗教を持たず、死生観はあいまいです。自然な死に対しても恐れを感じ、戸惑うのも仕方のないことですが、高齢者が衰弱して亡くなっていく過程や、死までの各ステージ（27ページ参照）における適切なケアを体系的に学ぶことによって、自信を持って責務を果たすことができるようになります。

　チームの力も重要です。看取りケアの過程で、何のバックアップもなく個々に判断することを迫られれば誰でも不安ですが、施設としての理念が明確で、統一した手順が示され、チームでその人を支えているという実感があれば安心して責務を全うできます。

　人の死に寄り添う経験は、多くの学びをもたらします。看取りケアを行ったスタッフが大きく成長できるかどうかは、教育とチームケアの体制づくりにかかっています。

教育とチームケア体制の確立は施設の責務

教育の効果

- 正しいケアを提供できる
- スタッフの適応力を高める
- 正しい知識はスタッフに自信を与える
- より広い知識、より高度な知識を求める意欲につながる
- 職責に誇りが持て、仕事への意欲がわく

チームケアの効果

- 同じ理念、統一された手順で行うことにより、一定レベルのケアを提供できる
- スタッフが孤独を感じることなく、物事に安心して対処できる
- 各職種がそれぞれに専門性を発揮しながら、お互いに補い合える
- さまざまな角度から入所者・家族を支えることで、見落としやミスが減る
- やり遂げたときの満足感が大きく、仕事へのやりがいが増す

ケアの質が高くなり、施設やスタッフに対する
入所者本人・家族の満足度、信頼度が向上！

ココを押さえる！

ケアの質を上げるには、スタッフの看取りに対する不安をやわらげ、教育とチームケア体制を確立することが必須。安心して取り組める環境をつくります。

「エンパワメント」が鍵

大切な人を失う家族への ケアの考え方

家族ケアでは「エンパワメント」の視点も

　家族は、本人が最後まで尊厳を保ち、残された時間を自分らしく安らかな気持ちで過ごすことができるよう支援するためのパートナーです。つまり、ケアチームの一員ですが、同時にケアを必要としている人でもあります。日頃からコミュニケーションを図り、家族としての希望や意向を聞いて、それをかなえる支援も施設スタッフには求められます。家族ケアにはもう一つ大切なことがあります。それが「家族の持つ力を引き出すケア」です。

　「エンパワメント」という言葉を聞いたことがあるでしょうか。エンパワメントとは、「人々に夢や希望を与え、勇気づけ、人が本来持っているすばらしい生きる力を湧き出させること」で、日本語では「湧活」と訳されます。エンパワメントによって、家族はケアチームの一員として大きな力を発揮する存在になります。

「グリーフケア」も看取りケアの一部

　大切な人との死別は、家族の心に喪失感を引き起こします。一方で、現実を受け入れ、なんとか立ち直ろうという気持ちも湧き上がるため、この2つの間で揺れ動き、不安定な状態になります。そのような状態を「グリーフ（悲嘆）」といいます。グリーフケアに対する関心は徐々に高まっており、高齢者施設でも看取りケアの一環として、家族へのグリーフケアに力を入れるところが増えています。

　グリーフケアとして一般的に行われているのは、「お通夜や告別式への参列」「弔電、手紙やはがき（グリーフカード）を送る」「遺族訪問」「遺族会の開催」などです。適切なグリーフケアは、家族が悲嘆から回復するための助けになります。

家族ケアは、家族の力を引き出すことがポイント

エンパワメント（湧活）

人々に夢や希望を与え、勇気づけ、人が本来持っているすばらしい生きる力を湧き出せること

エンパワメントの原則とは？

- 目標を当事者が選択する
- 主導権と決定権を当事者が持ち、問題点と解決策を当事者が考える
- 行動変容のために内的な強化因子を当事者と専門職の両者で発見し、それを増強する
- 問題解決の過程に当事者の参加を促し、個人の責任を高める
- 問題解決の過程を支えるネットワークと資源を充実させる
- 当事者のウェルビーイング（良好な状態）に対する意欲を高める

グリーフケア（悲嘆のケア・喪のケア）

重要な他者を喪失した人、あるいはこれから喪失する人に対し、喪失から回復するための喪（悲嘆）の過程を促進し、喪失により生じるさまざまな問題を軽減するために行われる援助

グリーフケアの提供者

- 家族や親族、友人・知人
- 遺族同士
- 医療関係者、介護関係者、宗教家、葬儀関係者
- 精神科医やカウンセラーなどの専門家
  など

ココを押さえる！

家族のエンパワメントやグリーフケアも看取りケアに含まれます。家族が自分の持つ力を発揮できるように支援します。

（ 身寄りのない人の「看取り」 ）

　身寄りのない人の場合、入所者本人がはっきり意思を示せる状態であればそれに沿った支援を行います。自分の生前意思を文書化するものとしては、「リビング・ウィル」や「尊厳死宣言公正証書」がありますが、前者には法的効力がないので、公文書である「尊厳死宣言公正証書」を作成しておくことが理想です。

　本人の意思確認が困難な場合は、医療従事者（医師）が入所者にとって最善の治療方針を判断し、それに基づいたケアを行うことになります。医療従事者が、入所者には回復の見込みがなく、看取りケアを実施するのが最善と判断すれば看取りケアを開始します。

　成年後見人を立てている入所者もいますが、成年後見人には延命治療を含む医療手術行為に関する同意をする権限はないので、看取りケアも本人の同意か、それが困難なら医療従事者の判断が必要です。

　身寄りのない人が亡くなった場合は、「墓地、埋葬等に関する法律」に基づき、市区町村が遺体を引き取り埋葬します。

リビング・ウィル（living will）
「生前の意思」という意味。日本尊厳死協会では、「『平穏死』『自然死』を望む方々が、自分の意思を元気なうちに記しておく」としている

尊厳死宣言公正証書
嘱託人（本人）が自らの考えで尊厳死を望む、すなわち延命処置を差し控え、中止する旨の宣言をし、公証人がこれを聴取する事実実験をしてその結果を公正証書にしたもの。公証人役場で作成する

PART 2

看取りケアの進め方

看取りケアのフローチャート

看取りケアは、入所者の最後を支える大切なサービスです。施設と入所者とその家族に意識の
ずれがないようにすることや、職員全員の看取りケアの方針を一致させておくことが求められ
ます。

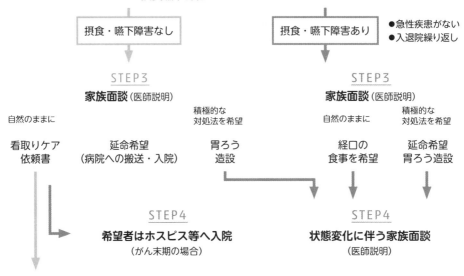

STEP1
看取りケア事前意向確認

STEP2
摂食嚥下評価(食事摂取の低下について)

| 摂食・嚥下障害なし | 摂食・嚥下障害あり | ●急性疾患がない
●入退院繰り返し |

STEP3
家族面談(医師説明)

自然のままに　　　　　　　積極的な　　　　　　自然のままに　　　積極的な
　　　　　　　　　　　　　対処法を希望　　　　　　　　　　　　対処法を希望

看取りケア　　　延命希望　　　　　　胃ろう　　　　　　経口の　　　　延命希望
依頼書　　　　（病院への搬送・入院）　造設　　　　　　食事を希望　　胃ろう造設

STEP4
希望者はホスピス等へ入院
（がん末期の場合）

STEP4
状態変化に伴う家族面談
（医師説明）

STEP4
看取りケア開始(看取りケア支援経過、記録票スタート)

① **看取りケアカンファレンス** ……… 看取りケア計画書の作成、説明と同意
② **終末期のケア** ………………… 看取りケア経過観察表の記録
③ **臨終(危篤状態)** ……………… 施設での死亡確認、エンゼルケア・お見送り
④ **看取りの振り返り** …………… 看取りケア支援経過記録票を基に各部署のアプローチを振り返る

看取りケア実施における意向確認・説明と同意の手順

STEP1 入所者または家族の意向を確認する場の設定

STEP2 意向確認・説明 ● 現在の状況
● 今後起こり得る状態変化・リスク
● 終末期を過ごせると考えられる場所

STEP3 「看取りに関する指針」の説明

STEP4 「看取りケアについての同意書」の取り交わし

STEP5 看取りケア確認事項の説明

STEP6 看取りケアの実施を決定

看取り介護加算ⅠとⅡの算定要件（特別養護老人ホーム）

看取り介護加算（Ⅰ）の概要

● 常勤看護師1名以上を配置し、施設又は病院等の看護職員との連携による24時間の連絡体制を確保していること

● 看取りに関する指針について入所者・家族に説明し同意を得るとともに、看取りの実績を踏まえ適宜見直しを実施していること

● 看取りに関する職員実習を実施していること

● 医師が一般に認められている医学的知見に基づき回復の見込みがないと診断していること

● 多職種が共同で作成した介護に関する計画について、入所者又は家族の同意を得ていること

● 看取りに関する指針に基づき、多職種の相互の連携の下、介護記録等を活用し、入所者・家族に説明していること

● 「人生の最終段階における医療・ケアの決定プロセスに関するガイドライン」等の内容に沿った取組を行うこと

● 看取りに関する協議の場の参加者として、生活相談員を明記すること

看取り介護加算（Ⅱ）の概要

● 看取り介護加算（Ⅰ）の要件を満たしていること

● 複数の医師が配置されていること、あるいは協力関係にある医師が24時間対応できること

ステージに応じた対応をする
看取りケアの流れと必要な書類

 入所時から看取りケアに関する書類が必要

入所から最期を迎えるまで、入所者は一般的に、入所期、安定期、急性増悪期、回復期、衰弱期、終末期（死別期）という経過をたどります（27ページ）。その人が今どのステージにあるか、職員同士、そして職員と家族が認識を一致させ、ステージが移行したときなどに、改めて方針を確認し合うということを繰り返していきます。

その際に必要になるのが各種書類です。入所時には、「看取り介護に関する指針」（40ページ）と「看取り介護指針の同意書」（44ページ）が必須であり、これらのほかに、急変時や終末期における医療等に関する意思を確認する「事前の意向確認書」（45ページ）などの書類を用意することもあります。

 ステージが移行するたびに家族の意向を確認する

入所者の状態が、安定期から急性増悪期、回復期から衰弱期へと移行したときには、看取りケアのことも含めた今後について、本格的に検討することが求められます。「看取り介護に関する指針」をもとに、家族の意向をその都度確認しますが、家族の意向は変化することがめずらしくありません。家族のもともとの意向を振り返りながら、入所者本人の希望を再確認するなどして、慎重に、一歩一歩進めていくことが大切です。

回復が望めない状態であると医師によって判断され、家族の看取り介護実施の意向が変わらない場合、「看取り介護についての同意書」（55ページ）（看取りケア実施に同意したことを示す書類）で確認したのち、看取りケアを実施します。

ケアマネジャーは、この流れに並行して「看取りケア計画書」（58ページ）を作成し、入所者の状態の変化に応じて更新していきます。

入所期から終末期のステージの変化と必要な書類

	ステージ	必要な書類
安定	入所期	● 看取り介護に関する指針 ● 看取り介護指針の同意書 ● 事前の意向確認書など
安定	安定期	● 看取り介護に関する指針 ● 事前の意向確認書
増悪	急性増悪期	
増悪	回復期	
衰弱	衰弱期	● 看取り介護についての同意書 ● 看取りケア計画書 ● 看取りケア経過観察表 ● カンファレンスの記録
衰弱	終末期	
衰弱	臨終	● 臨終時の記録 ● 死亡診断書
衰弱	看取り後	● デスカンファレンス議事録

ココを押さえる！

説明と同意のための各種書類を整備します。入所時およびステージ移行時は本人と家族の意向を確認しながら、丁寧に進めていきます。

看取りケア実施までの手順①

実施体制の確立と 「指針」の策定

看取りの方針を定め、人的・物理的環境を整備する

　施設で看取りケアを実施するにあたり、まず行うことは、実施体制の確立です。看取りケアに関する考え方や方針を明確にし、看取りケア実施に必要な人的・物理的環境を整備します。

　看取りケアに関する考え方や方針の明確化は、施設として統一した対応を行うために不可欠な手順です。その上で、各ステージ（27ページ）で行われる具体的なケアの内容や範囲を明らかにしておくことは、よりよい最期を迎えるための選択肢を増やし、入所者・家族の安心につながります。

　その施設の実施体制を明文化したものが、「看取り介護に関する指針」です。

入所者・家族とも共有する「看取り介護に関する指針」

「看取り介護に関する指針」の策定は、看取り介護加算算定条件の一つであり、入所の際、入所者または家族に対して、その内容を説明し、同意を得ておくことが求められます。入所時は、入所者も家族も新しい生活環境の中でどう暮らしていくかを主に考えているときです。身体機能もそれなりに保たれているため、死を連想させる「看取り介護に関する指針」の説明を行うことには難しさもあります。しかし、高齢者は加齢や疾患のためにいつ状態が変わるかわかりません。突然そのときがくると、動揺や混乱が大きくなるものですが、それは誰にとっても好ましいことではありません。最期について考えることは、どう生きるかを考えることにもつながります。

　望ましいのは、入所の相談があったときから、過去の事例を紹介するなどしながら「看取り介護に関する指針」について説明しておくことです。

看取りケアの体制づくり

看取りケア体制の確立

- 看取りケアに関する考え方や方針の明確化
- 看取りケア実施に必要な人的・物理的環境を整備

「看取り介護に関する指針」の策定

「看取り介護に関する指針」とは
その施設において、看取り介護を希望する入所者や家族に対し、最期まで継続した支援を行うことを示す指針のこと

「看取り介護に関する指針」に盛り込む内容
- その施設の看取り介護の考え方
- 看取りケアの具体的方法
- 施設における医療体制の理解
- 看取りケアの施設整備
- 看取りケアの実施とその内容
- 看取りケアに関する施設内教育　など

※本書では、看取り介護算定加算や家族への説明を行う際には「看取り介護」、施設内で実際に行う介助については「看取りケア」としています。

ココを押さえる！

「看取り介護に関する指針」は、施設・職員、入所者・家族が考え方や方針を共有し、統一した対応をするために必要です。

看取り介護に関する施設側の考え方や指針は、家族に示し同意を得る必要がありますので、必ず整備しておきましょう。

ダウンロード対応

○○ホーム 看取り介護に関する指針

入所者が医師の判断のもと、回復の見込みがないと判断された時に、入所者または家族が○○ホームにおいて看取り介護を希望された際には、以下の考え方のもと看取り介護の実施に努めていきます。

1. ○○ホームは、「死」は「生」の延長線上にあるものであると認識していることから、「死ぬこと」だけを前提とした支援ではなく、日常的なケアの延長線上として、最期まで入所者の「生きること」を支えることに努めます。
2. ○○ホームでは、高齢期は人生が完結する大切な時であると認識し、誰もが「最期まで幸せでありたい」というごく当たり前の願いを実現できるように努めます。その中で、入所者の自己決定と尊厳を守りながら、安らかな最期を迎えるために、以下に示す看取り体制のもと、看取り介護の実施に努めていきます。
3. その人らしい最期を迎えるためには、本人の意向を尊重することは当然として、家族、スタッフ、関係する人々の思いを一つにすることが必要です。本人が望む、または望むと思われる最期の迎え方を関係する周囲の人々が同じ気持ちで看取り介護に当たることに努めていきます。

1) 看取り介護の具体的方法

(1) 生前意思の確認
○○ホームにおける看取り介護の考え方を明確にし、本人または家族に生前意思（リビング・ウィル）の確認を行います。

(2) 看取り介護の開始
○○ホームの看取り介護においては、医師による診断がなされた時（医学的に回復の見込みがないと判断した時）を看取り介護の開始とします。

(3) 本人または家族への説明と同意
看取り介護実施に当たり、本人または家族に対し、医師または協力病院から十分な説明が行われ、本人または家族の同意を得ます（インフォームドコンセント）。

(4) 多職種協働による看取り介護に関する計画書作成
看取り介護においては、そのケアに携わる施設長、生活相談員、ケアマネジャー、看護師、栄養士、介護職員などが協働して看取り介護に関する計画書を作成し、入所者の状態または家族の求めに応じて随時家族への説明を行い、同意を得て看取り介護を適切に行います。なお、必要に応じて計画内容を見直し、変更します。

2) 施設における医療体制の理解
介護老人福祉施設は医療施設ではありません。病院のような病気の治療や回復または療養を目的とした施設ではなく、「高齢者の生活」を支えるための社会福祉施設です。○○ホームの医師や看護師の主たる役割は、入所者の健康管理であり、病院のように治療を主としていないことから、常勤の医師や夜勤ができる看護師などの体制は制度的に求められていません。提携する医療機関との協力体制はありますが、病院の病棟のように専門的で迅速対応はできない状況です。

3) 医師・看護師体制
①看取り介護実施に当たり、○○ホームは配置医、協力病院医師、看護師との24時間連絡体制を確保し、必要に応じて随時対応します。
②看護師は医師の指示を受け、看護責任者のもとで入所者の疼痛緩和など安らかな状態を保つように状態把握に努め、入所者の心身の状況を受け止めるようにします。また、日々の状況などについて随時、家族に対して説明を行い、その不安に対して適宜対応します。

③医師による看取り介護の開始指示を受けて、カンファレンスに基づき多職種による看取りケア計画書を作成し、実施するものとします。

4) 看取り介護の施設整備
①尊厳ある安らかな最期を迎えるために個室または静養室の環境整備に努め、その人らしい人生を全うするための施設整備の確保を図ります。
②施設での看取り介護に関して、家族の協力態勢（家族の面会、付き添いなど）のもとに個室または静養室を提供します。

5) 看取り介護の実施とその内容
(1) 看取り介護に携わる者の体制およびその記録などの整備
①看取り介護についての同意書
②医師の意見書
③看取りケア計画書作成（変更、追加）
④経過観察記録
⑤ケアカンファレンスの記録
⑥臨終時の記録
⑦看取り介護終了後のデスカンファレンス会議録

(2) 看取り介護実施における職種ごとの役割
〈施設長〉看取り介護の総括管理、諸問題の総括責任
〈相談員〉継続的な家族支援／多職種協働のチームケアの強化／死亡時および緊急時のマニュアルの作成と周知徹底
〈ケアマネジャー〉介護サービス計画書の作成
〈看護職員〉医師または協力病院との連携強化／スタッフへの「死生観教育」とスタッフからの相談機能／状態観察と医療処置／疼痛緩和／家族への説明と不安への対応／オンコールへの対応
〈管理栄養士〉入所者の状態と嗜好に応じた食事の提供／食事、水分摂取量の把握／家族への食事提供
〈機能訓練指導員〉安楽な体位の工夫／福祉用具の選定
〈介護職員〉きめ細やかな食事、排泄、清潔保持の提供／十分なコミュニケーション／状態観察
〈事務職員〉家族との連絡窓口

(3) 看取り介護の実施内容
①栄養と水分
　看取り介護に当たっては、多職種と協力し、入所者の食事・水分摂取量、浮腫、尿量、排便などの確認を行うと共に、入所者の身体状況に応じた食事の提供や好みの食事などの提供に努めます。
②清潔
　入所者の身体状況に応じて、可能な限り入浴や清拭を行い、清潔保持と感染症予防に努めます。その他、本人、家族の希望に沿うように努めます。
③苦痛の緩和
　〈身体面〉入所者の身体状況に応じた安楽な体位の工夫と援助および疼痛緩和などの配慮を適切に行います。
　〈精神面〉身体機能が衰弱し、精神的苦痛を伴う場合、手を握る、体をマッサージする、寄り添うなどのスキンシップやはげまし、安心できる声かけによるコミュニケーションの対応に努めます。
④家族
　変化していく身体状況や介護内容については、定期的に医師からの説明を行い、家族の意向に沿った適切な対応を行います。継続的に家族の精神的援助（現状説明、相談、こまめな連絡など）を行い、カンファレンスごとに適時の状態説明を通し、家族の意向を確認します。

6) 看取り介護に関する施設内教育
介護老人福祉施設における看取り介護の目的を明確にし、死生観教育と理解の確立に努めます。基礎・実践・応用と段階的に教育を施していくことが効果的です。
〈基礎〉看取りに関する指針の理解／死生観教育／記録の重要性
〈実践〉開始から終了までの経過／専門性の理解と職種間連携／死亡時の行動マニュアル／書類の作成と管理／デスカンファレンスの重要性／エンゼルケアの意味と手技
〈応用〉終末期を意識したアセスメント／終末期における心身の変化と観察のポイント／終末期における家族とのかかわり方／臨終後のあいさつと姿勢

看取りケア実施までの手順②

入所時の説明と事前の意向確認

施設側と入所者・家族が方針を一致させておくことが大切

入所するにあたり、入所者や家族に対しては、施設サービスを利用するうえでの注意点や準備することなどに加え、契約内容や重要事項についても説明します。その際に、「看取り介護に関する指針」の説明も行い、同意を得ます。

前述したように、入所者や家族は、このタイミングで看取りのことまで考え、意向を明確にすることに対して、少し抵抗を感じることもあります。しかし、入所時は元気でも、加齢や基礎疾患の進行により、状況が一変することは十分にありうるという事実を、きちんと説明しておくことが重要です。いざというとき、過剰に慌てなくてすむように、入所時から急変時や終末期の対応について考え、施設側と入所者・家族が方針を一致させておく必要性を理解してもらいましょう。

看取りの意向が固まっていない場合は考える時間を提供

最期を迎えたいと考えている場所や、心臓や呼吸が止まったときの対応、食事や水分が口から摂れなくなったときの対応などについて意向を確かめる、「事前の意向確認書」などを用意しておくと、入所者と家族が具体的に話し合う契機にもなります。ただし、「事前の意向確認書」は、あくまでも現在の意向を確認するものです。意向はいつでも変更できることを丁寧に説明しましょう。

尊厳死宣言公正証書を作成している人や、日本尊厳死協会にリビング・ウィル登録をしている人、エンディングノートなどで意思表示をしている人、あるいは信仰や宗教上の考えを持っている人の場合は、その内容を把握しておく必要があります。反対に、「今は考えられない」という人もおり、その場合は家族でゆっくり話し合う時間を提供します。

「看取り介護に関する指針」説明のポイント

その施設の看取りの考え方	入所者と家族が、その施設の看取り介護の考え方に納得したうえで、選択できることが大切。説明するスタッフ自身が、内容を十分に理解しておく必要がある
看取りケアの具体的方法	看取りケア実施までのおおまかな流れを説明。入所者・家族と、認識を共有できるというメリットがある
施設における医療体制の理解	病院とは違うことを理解してもらう。特別養護老人ホームでできることとできないことを説明し、施設側と入所者・家族の認識にずれが生じないようにする
看取りケアの施設整備	看取りに際しては、個室や静養室、夜間付き添う家族のために簡易ベッドなどを用意できることを伝え、安心につなげる
看取りケアの実施とその内容	専門職それぞれの役割を説明し、チーム介護によって質の高いケアが行えることを伝え、信頼につなげる
看取りケアに関する施設内教育	具体的な教育内容を伝え、統一した理念のもと、一定の水準に達したケアが提供できることを理解してもらい、安心につなげる

※看取り介護には、介護保険で定められている看取り介護加算が算定されることも、きちんと説明しておく（66ページ）

その他の確認事項のポイント

- 尊厳死宣言公正証書の作成、日本尊厳死協会のリビング・ウィル登録、エンディングノートによる意思表示、信仰や宗教上の考えなど
- 入所者と家族で看取りの意向にずれはないか
- 家族のうち誰まで意向確認をするのか、キーパーソンに一任するのかなど、家族親族の関係　など

ココ を押さえる！

入所時の説明と事前の意向確認は、看取り介護のための準備。家族が話し合う契機にもなります。無理をせず時間をかけて進める場合もあります。

入所時には施設における看取りケアの指針を説明しますが、その際には指針の説明を受けた旨の同意書を得ておきましょう。

看取り介護指針についての同意書

　私は、「○○ホーム　看取りに関する指針」についての説明を受け、○○ホームにおける看取り介護を理解し、同意しました。

　　　年　　　月　　　日

○○ホーム　施設長殿

　　　入所者氏名＿＿＿＿＿＿＿＿＿＿＿＿＿㊞

　　　同意者住所＿＿＿＿＿＿＿＿＿＿＿＿＿＿＿＿＿

　　　同意者氏名＿＿＿＿＿＿＿＿＿＿＿＿＿㊞
　　　　　　　　　　　　関係（　　　　　）

　　　立会者住所＿＿＿＿＿＿＿＿＿＿＿＿＿＿＿＿＿

　　　立会者氏名＿＿＿＿＿＿＿＿＿＿＿＿＿㊞
　　　　　　　　　　　　関係（　　　　　）

　　　立会者住所＿＿＿＿＿＿＿＿＿＿＿＿＿＿＿＿＿

　　　立会者氏名＿＿＿＿＿＿＿＿＿＿＿＿＿㊞
　　　　　　　　　　　　関係（　　　　　）

容態急変時や終末期に直面した際、慌てることのないように入所時から入所者とその家族の意向を確認し、書面に残しておきましょう。

ダウンロード対応

○○ホーム 看取り介護の意向確認書

　　○○ホームでは、希望される方に精神面での介護を中心とした看取り介護を行っています。入所者の容態が悪くなられた時、入所者の「～してほしい」というご意思やご要望に対しては、できる限り反映させていただきたいと考えております。

　　以下の質問は、入所者が終末期を迎える際、どのような考えをお持ちなのかを伺うものです。可能な範囲でご回答いただきますようお願い申し上げます。

1.口から食べる・飲み込むことが困難になった時、どのようなかたちを望まれますか?

□ 経管栄養など口以外から栄養を摂る方法を希望する
□ 経管栄養など人工的な栄養補給は希望しない
□ 今はわからない

2.終末期は、どのようなかたちを望まれますか?

□ 入院し積極的に医療を受けたい
□ ○○ホームで看取り介護を受けたい
□ 自宅に戻って最期を迎えたい
□ 今はわからない

3.その他 (ご希望、ご要望があればご記入ください)

_____
_____
_____
_____
_____

ご記入いただいた内容は、入所者およびご家族の意向を確認するためのものであり、意向内容を変更することは可能です。

年　　　　月　　　　日

入所者氏名 _____ 印

身元引受者 _____ 印

身元引受者 _____ 印

希望する医療やケアが受けられるように

適切なタイミングで「人生会議（ACP）」を開く

人生の最終段階の医療やケアについて話し合う会議

「人生の最終段階」とは、これまで終末期と呼ばれていた時期のことです。その時期にどのような医療やケアを受けたいのか、本人が前もって考え、周囲の信頼する人たちと話し合い、共有するための会議を「人生会議」と呼びます。「周囲の信頼する人たち」とは、家族や近しい人、介護スタッフ、医療者などです。人生会議は英語で「アドバンス・ケア・プランニング（ACP）」。「アドバンス」は「前もって」という意味です。

　人生会議が重要視されるようになった背景には、命の危険が迫った状態になると、約70％の人が、医療やケアなどを自分で決めたり望みを人に伝えたりすることができなくなってしまうという現実があります。前もって本人の希望を共有することによって、自分の望むかたちで人生の最終段階の時期を過ごすことができます。

本心を話せる環境づくりと、繰り返し開くことが大切

　人生会議の重要なポイントは、本人が本当の気持ちを話せる環境をつくることと、一度の会議で決めてしまうのではなく、何度でも繰り返し開くことです。人の気持ちは心身の状態の変化に応じて変わることがあり、家族の負担などを考えて本心を隠してしまうことはめずらしくありません。人生会議で本心を話してもらうためには、本当のことをいっても大丈夫だという安心感と、信頼感が必要です。日常のちょっとした言葉の中に、その人が大切にしていることや望みが含まれていることもあります。

　厚生労働省の調査では、人生会議について介護支援専門員の約半数が「よく知っている」と回答。5年前（平成29年度）は7.6％だったので大幅に増えています。

データでみる人生会議（ACP）

▣ 人生会議の認知

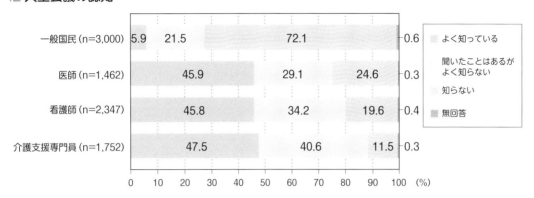

	よく知っている	聞いたことはあるがよく知らない	知らない	無回答
一般国民（n=3,000）	5.9	21.5	72.1	0.6
医師（n=1,462）	45.9	29.1	24.6	0.3
看護師（n=2,347）	45.8	34.2	19.6	0.4
介護支援専門員（n=1,752）	47.5	40.6	11.5	0.3

▣ 人生会議の賛否について

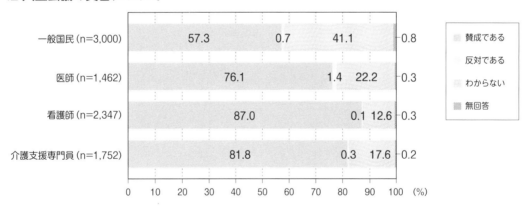

	賛成である	反対である	わからない	無回答
一般国民（n=3,000）	57.3	0.7	41.1	0.8
医師（n=1,462）	76.1	1.4	22.2	0.3
看護師（n=2,347）	87.0	0.1	12.6	0.3
介護支援専門員（n=1,752）	81.8	0.3	17.6	0.2

出典：厚生労働省「令和４年度人生の最終段階における医療・ケアに関する意識調査報告書」
(https://www.mhlw.go.jp/toukei/list/dl/saisyuiryo_a_r04.pdf)

ココを押さえる！

人生の最終段階における医療やケアについて本人の希望を前もって確認し、共有するのが人生会議。その人の本当の気持ちを引き出すことが大切です。

人生会議は適切な情報の提供と説明が前提

多職種の医療・ケアチームが本人や家族と話し合う

本人の意思が確認できない場合も人生会議は必要

人生会議の原則は、「医師等の医療従事者から適切な情報の提供と説明」がなされること。それに基づいて、医療・ケアを受ける本人が多職種の医療・ケアチームと十分な話し合いを行い、「本人による意思決定を基本としたうえで、人生の最終段階における医療・ケアを進める」ことです。どのような医療やケアを行うのか／行わないのかについては、医学的に適切かどうかも慎重に見極め、判断されなくてはなりません。

本人の意思が確認できる場合は、医学的検討に基づき医師等から本人に適切な情報の提供と説明がなされます。一方、本人の意思が確認できない場合は、家族等に推測してもらいますが、それも難しい場合は家族等と医療・ケアチームが話し合い、本人にとって最善と思われる方針を取ります。家族等がいない場合、家族等が医療・ケアチームに委ねる場合も、本人にとって最善と思われる方針を取ることが基本です。

本人が「大切にしていること」を起点に話し合う

人生会議は一般的に右ページのようなプロセスで進めていきます。起点となるのは、本人が「大切にしていること」。それは、「家族や友人のそばにいること」「できる限りの医療が受けられること」「痛みや苦しみがないこと」「家族の負担にならないこと」「好きなことができること」「家族が経済的に困らないこと」など千差万別でしょう。

もっとも身近で日々のケアを行う介護職は、医療・ケアに対する本人の満足度、気持ちの変化に気づきやすい立場にいます。入所者の言葉の端々や様子から感じたことを積極的に医療・ケアチームに伝え、入所者の"今の気持ち（意思）"を尊重した医療・ケアにつなげましょう。介護職のケアにより実現することもたくさんあるはずです。

話し合いの進め方（例）

あなたが大切にしていることは何ですか？

あなたが信頼できる人は誰ですか？

信頼できる人や医療・ケアチームと話し合いましたか？

話し合いの結果を大切な人たちに伝えて共有しましたか？

**心身の状態に応じて意思は変化することがあるため
何度でも　繰り返し考え　話し合いましょう**

出典：厚生労働省「人生会議（ACP）普及・啓発リーフレット」（https://www.mhlw.go.jp/content/10802000/000536088.pdf）

ココを押さえる！

人生会議で確認した本人の意思が尊重されているかどうか考えながらケアを行い、「違うかも」と感じたらチームに報告して話し合いに結びつけましょう。

16 進め方

看取りケア実施に向け最終確認を行う

医師が判断したのち、看取りケアへ移行

　入所者の医学的状況が、回復の見込めない衰弱期に入り、看取りケア実施の段階に移行したかどうかを判断するのは医師です。しかし、医師が常駐しない特別養護老人ホームでは、衰弱の兆候をスタッフがいち早く察知し、適切なタイミングで医師に報告する必要があります。入所者の状態の変化は、食事や排泄、バイタルサインなどにあらわれやすいので、症状に関する「気づきシート」などを作成しておくとよいでしょう。

　入所者の状態が変化した場合は、生活相談員、ケアマネジャー、介護職員、看護職員、機能訓練指導員、管理栄養士、そして医師など多職種によるカンファレンスを行い、さまざまな角度から検討します。その結果、医師が「一般的に認められている医学的所見に基づき回復の見込みがない」と判断した場合に、看取りケア実施へと向かいます。

家族に説明し、最終的な同意を得る

「回復の見込みがない」と判断されたら、医師が家族に説明する場を設けます。家族が納得できず、セカンドオピニオン、サードオピニオンを求める場合もありますが、大切な人を失うことを受け入れるために必要な時間であることを理解し、見守りましょう。

　家族が看取りケアに移行することを希望した場合は、看取りケアの流れを説明し、意向を再度確かめます。「看取り介護に関する指針」の内容を改めて説明し、「看取り介護についての同意書」で最終確認を行います。また、具体的にどのようなケアを行うのかを、「看取り介護確認事項」などのチェックシートにまとめ、家族の同意を得ておくと、家族の安心につながります。看取りケアには介護保険で定められている看取り介護加算が算定されること（66ページ）も、このときに再度伝えましょう。

看取りケア実施に向けた最終確認の流れ

STEP1 入所者の状態を「気づきシート」などでチェック

状態の変化は、その都度家族に報告する

STEP2 衰弱の兆候がみられたら、多職種でカンファレンスを開催し、さまざまな角度から検討

STEP3 医師が、「一般的に認められている医学的所見に基づき回復の見込みがない」と判断

STEP4 医師など医療職から家族に説明

現在の状態、今後起こり得る状態変化やリスク、終末期を過ごす場所の選択肢など

STEP5 最終的な同意確認

「看取り介護についての同意書」で同意を得る。具体的なケア内容を「看取り介護確認事項」で説明・同意。看取り介護加算の説明も行う

↓

看取りケア実施へ

ココを押さえる！

看取りケア実施に移行する段階では、施設側と家族の意思統一を図ります。家族の意向確認は丁寧に行い、施設の考えとずれが生じないようにしましょう。

入所者の状態変化はバイタルサインにあらわれるので、微妙な変化を見逃さないようにチェックしていきましょう。

ダウンロード対応

○○ホーム　気づきシート

入所者氏名 桜井 △男 様

担当: 山川 ○子

1週間を通して該当するものに○、該当しないものには×を付けましょう。

記入期間〈 2024 年 1 月 15 日(月)～ 2024 年 1 月 22 日(月)〉

		変化	特記事項
Ⅰ食事	①食事摂取時間が長くなっていませんか	有・無	
	②食事への意欲に変化はありませんか	有・無	
	③食事量が減っていませんか	有・無	
	④嚥下機能の低下が見られませんか	有・無	
	⑤むせが増えていませんか	有・無	
	⑥口開けが悪くなっていませんか	有・無	
	⑦食事中傾眠が見られませんか	有・無	
	⑧水分量の低下が見られませんか	有・無	
Ⅱ排泄	①便秘、下痢など排便状態に変化はありませんか	有・無	
	②排尿量、回数に変化はありませんか	有・無	
	③失禁することが多くなっていませんか	有・無	
	④尿や便の色に変化はありますか	有・無	
Ⅲバイタル	①熱が出やすくなっていませんか	有・無	
	②普段の血圧に変化は見られますか(高い・低い)	有・無	

			有・無	
IV皮膚状態	①皮膚が乾燥しやすくなっていませんか		**有**・無	
	②内出血や剥離ができやすくなっていませんか		有・**無**	
	③むくみはありませんか		**有**・無	
	④冷感やチアノーゼが出やすくなっていませんか		有・**無**	
V体重	体重の変化はありませんか		**有**・無	
VI活気	①眠っていることが多くなっていませんか		有・**無**	
	②自分から声をかけることが少なくなっていませんか		**有**・無	
	③ボーッとしていることが増えていませんか		有・**無**	
	④体操やレクリエーションに対する意欲の低下は見られませんか		**有**・無	
	⑤笑顔を見せることが少なくなっていませんか		**有**・無	
	⑥車いすに座っていると姿勢が悪くなったり疲れやすくなったりしていませんか		**有**・無	

【課題や留意点】

食事の摂取時間が一週間前よりも長くなっています。
食事中むせることも多くなっていますので、食事介助時は注意してください。

看取り介護に移行した際には、どのような介護を行うかを説明し、あらかじめ家族の同意を得ておきましょう。

ダウンロード対応

○○ホーム 看取り介護確認事項

当施設では、看取り介護の具体的援助内容を下記のとおり定めます。
また、看取り介護を実施するに当たり、介護保険で定められている看取り介護加算が算定されます。

支援項目	具体的内容	確認欄	備考
食事	普段どおりの食事ができない場合、時間にこだわらず、摂取可能な時に少しずつ提供します	☐	
	本人の好きな食べ物や飲み物を提供します	☐	
	食べやすい形態にて食事を提供します	☐	
	胃ろうによる食事摂取をしている場合、医師の指示により、栄養剤の内容や量を変更したり提供を中止したりすることがあります	☐	
	希望する食べ物をできる限り食べることのできる環境づくりをします	☐	
排泄	本人の負担にならないように、排泄介助の回数・方法を検討します	☐	
	本人の負担を軽減するため、下剤・浣腸の使用や導尿を行うことがあります	☐	
	臀部・陰部の清潔保持に努めます	☐	
清潔	負担がない範囲で入浴介助をします	☐	
	入浴が難しい場合は、全身または部分清拭、部分浴を行います	☐	
	本人の負担にならない範囲で、衣類の交換を行います	☐	
	目脂が固まらないように、こまめに目拭き綿で拭き取ります	☐	
	毎日、口腔ウエットティッシュなどで口腔ケアを行います	☐	
	男性はひげ剃りを行います	☐	
	毎日、整髪を行います	☐	
環境	快適に過ごせるように、室温調整、採光、換気を行います	☐	
	家族が気兼ねなく一緒に過ごせるように配慮します	☐	
	本人の体調を確認しながら、できる限りベッドから起きて過ごす時間を設けます	☐	
精神的支援	本人の言葉を傾聴します	☐	
	本人が心地よく過ごせるような言葉かけ・介護を行います	☐	
家族支援	家族の不安や迷いを傾聴します	☐	
	家族とは定期的に話し合いの場を持ち、必要な情報を提供します	☐	
	可能な限り家族が付き添えるよう配慮します	☐	
職員体勢	夜間、介護職員が意識レベルの低下、呼吸停止またはそれに近い状態を発見した場合、当番職員に引き継ぎ、通常介護業務に戻らせていただきます	☐	
	終末期でも常に付き添うことはできないため、スタッフが臨終時に立ち会えない場合や発見が遅れる場合があります	☐	
臨終	意識レベルの低下・呼吸停止またはそれに近い状態を確認した場合でも、医師による診断をするまでは死亡とは判断できませんが、最期に着てほしい衣類があれば、更衣の手伝いをします	☐	
	医師が死亡診断したら、事前に確認した葬儀会社に連絡をします	☐	
	施設を発つ際、希望に合わせた装束を身に着けることが可能です	☐	
	参加できるスタッフで簡単なお別れ会をした後、正面玄関よりお見送りをいたします	☐	

上記内容について説明を受け、同意いたしました。
　　　　　　　年　　　　　　月　　　　　　日

説明者氏名
入所者氏名
家族代表者氏名　　　　　　　　　　　　　印　続柄

「看取り介護確認事項」で家族に説明した後は、書面で同意を得ておきましょう。

○○ホーム 看取り介護についての同意書

○○ホーム施設長 ○○○○殿

私は、貴○○ホームの「看取り介護に関する指針」を基に看取り介護についての対応ならびに医師からの説明を受け、その内容が入所者自身の意向に沿ったものであることから、下記の点を確認し同意いたします。

①本日より医療機関での治療は、入所者に苦痛を伴う処置対応は行いません。延命的処置、点滴、酸素吸入は、医師の判断により最低限の行為に留めます。

②看護・介護職員は安心できる声かけをし、ご本人、ご家族の意思・尊厳を守る援助をします。

③急変時、救急車の要請はいたしません。例外的に看取りケアの途中で、吐血、顕著な呼吸苦、激しい疼痛などが発生した場合には、医師の指示に基づいて必要に応じて医療機関へ救急搬送します。なお、受診時にはあらかじめ看取り介護対象者であることを搬送先の医療機関へ知らせた上での対応とします。

1.入所者記入欄

氏名: ＿＿＿＿＿＿＿＿＿　　生年月日:M・T・S　　年　　月　　日生

住所: ＿＿＿＿＿＿＿＿＿　　世帯主氏名:本人・その他 ＿＿＿＿＿

配偶者の有無:□いる　　□いない (未婚 ・ 離別 ・ 死別)

2.届出者 (代表家族) 記入欄

氏名: ＿＿＿＿＿＿＿＿＿　　生年月日:M・T・S・H　　年　　月　　日生

続柄: ＿＿＿　　住所: ＿＿＿＿＿＿＿

記入日:　　年　　月　　日

【その他のご家族】

住所: ＿＿＿＿＿＿＿＿＿

氏名: ＿＿＿＿＿＿＿ ㊞　　続柄: ＿＿＿＿＿＿＿

3.医師記入欄

医療機関名: ＿＿＿＿＿＿＿

医師による終末期診断　　年　　月　　日 氏名: ＿＿＿＿＿＿＿ ㊞

コメント: ＿＿＿＿＿＿＿＿＿＿＿＿＿＿＿＿＿＿＿＿＿＿＿＿

＿＿＿＿＿＿＿＿＿＿＿＿＿＿＿＿＿＿＿＿＿＿＿＿＿＿＿＿＿＿

―施設記入欄―

4.施設側立ち会い人　　所属: ＿＿＿＿　　氏名: ＿＿＿＿ ㊞

所属: ＿＿＿＿＿　　氏名: ＿＿＿＿ ㊞

5.ご遺体搬送指定業者

ある: ＿＿＿＿＿＿＿＿＿＿　・　ない (これから検討する)

6.お渡し書類　　□付き添いのご案内　　□本書の複写

看取りケアの実施に チームで取り組む

 ## 人生の最終段階であることを踏まえた細やかな配慮を

　看取りケアでもっとも大切なことは、入所者その人が尊厳のある安らかな最期を迎えられるように支援することです。そのために、各専門職がそれぞれの専門性を発揮し、協働します。看取りケアは医師との連携が不可欠なので、医師への連絡・報告、指示受けの体制をしっかり整備し、「看取り介護に関する指針」に基づく考え方・方針について共有しておく必要もあります。

　看取りで提供されるケアは、食事、排泄、清潔などの身体的ケアに加え、精神的なケアなど多岐にわたります。それぞれは日常のケアと大きく変わるものではありませんが、人生の最終段階であることを踏まえた細やかな配慮や、状態が大きく変化したときの迅速な対応が求められます。チームが協働して取り組むことが大切です。

 ## 「経過観察表」や「モニタリングシート」を活用

　看取りケアのマネジメントは、ケアマネジャーを中心に、アセスメント→看取りケア計画書（ケアプラン）原案の作成→サービス担当者会議（ケアカンファレンス）の開催→看取りケアの実施→モニタリングという流れで行われます。アセスメントは、「看取りケア計画書」に大きな影響を与えるものです。見落としなく、客観的なものにするために、「アセスメントシート」を作成して行います。「看取りケア計画書」には、入所者・家族の意向も反映させます。原案に対する各職種の意見をサービス担当者会議で聞き、練り上げた計画書を家族に提案し、同意を得ます。計画書に従って行ったケアや入所者の状態、家族の様子などは「看取りケア経過観察表」に記録し、「看取りケア計画モニタリングシート」で定期的に評価して家族の同意を得ながら、計画を随時変更します。

施設での看取り介護マネジメントの流れ

STEP1 アセスメント

「アセスメントシート」を用いて、漏れなく客観的に評価する

STEP2 看取りケア計画書（ケアプラン）原案の作成

入所者や家族の意向を反映させる

STEP3 サービス担当者会議（ケアカンファレンス）の開催

多職種の意見を聞き、看取りケア計画書原案をまとめる

STEP4 入所者・家族への提案・説明・同意

> 予期しない事態が起こったときのために、緊急時の対応マニュアルも作成しておく

STEP5 看取りケアの実施

実施したケアや入所者・家族の様子は「看取りケア経過観察表」に記録

STEP6 モニタリング

「看取りケア計画モニタリングシート」で評価し、チームで共有。
家族の同意を得ながら進める

ココを押さえる！

尊厳のある安らかな最期に向けた支援であることを理解し、施設と家族で情報や認識を共有。その人らしい看取りのためにチームで取り組みます。

看取りケア計画書

入所者や家族の意向を踏まえ、多職種連携によるケア実施上の重点事項を中心に介護計画を策定しましょう。

ダウンロード対応

施設介護サービス計画書①

看取りケア計画書

作成年月日　2024 年 1 月 10 日

初回 ・ 紹介 ・（継続）　（認定済）・ 申請中

入所者氏名　桜井 △男 様　　　生年月日　　　　　　住所 東京都○○区○○町1-2-3

計画作成者氏名及び職種　　（介護支援専門員） 山川 ○子

施設サービス計画作成（変更）日　2023 年 10 月 1 日　　初回サービス計画作成日　2023 年 7 月 1 日

認定日　2024 年 1 月 10 日　　認定の有効期間　2024 年 1 月 10 日〜2024 年 2 月 28 日

要介護状態区分	要介護1・要介護2・要介護3・要介護4・要介護5（その他:　　　　　）
入所者・家族の生活に対する意向	入院はしないで最期まで施設での看取りを希望される
介護認定審査会の意見およびサービスの種類の指定	状態の改善が考えにくいため、認定有効期間24か月とする
総合的な援助の方針	静かな環境で、24時間体制にてバイタルチェック・状態観察を行う。医療機関と連携を図り、医師の指示のもと看取り介護を行う。無理なく食べられる分だけの食事摂取・口腔ケア・脱水の予防・褥瘡予防・身体の保清に努める

施設介護サービス計画書②

看取りケア計画書

作成年月日　2024年1月10日

入所者氏名　桜井 △男 様

生活全般の解決すべき課題	目標				援助内容			
	長期目標	期間	短期目標	期間	サービス内容	担当者	頻度	期間
老衰のため、入院はしないで施設での看取りを希望される	施設での看取りケアができる	2024年2月～	状態観察を行う	2024年3月～	バイタルチェック、呼吸状態、意識レベルの確認を行い、状態の観察を行う	看護職・介護職	随時	2024年3月～
					自尿の有無の観察、排尿、排便の確認、色、性状、尿量のチェックを行う	看護職・介護職	随時	2024年4月～
	無理なく食べられる分だけ食べていただく	2024年3月～	安全に無理なく食べていただく	2024年3月～	声かけしながら食事を促し、飲み込みを確認しながら食事介助を行う(全介護)	管理栄養士・調理師・看護職・介護職	毎食事	2024年3月～
					水分にはトロミをつけ、ムセ込みを防ぐ。ムセ込みがある時はすぐに中止し、無理なく摂取していただく	管理栄養士・調理師・看護職・介護職	毎食事	2024年4月～
情報の共有・多職種協働による統一したケアの実施を図る	情報の共有と多職種協働による統一したケアができる	2024年3月～	ご家族の意向を確認しながら安心してもらえるケアを行う	2024年3月～	定期的に情報報告や介護内容の説明を行い、ご家族の希望や意向を確認していく	ご家族・医師・看護職・介護職・生活相談員・管理栄養士	随時	2024年3月～

細かな変化を見落とさないように排便・排尿の状況なども記しておきましょう。

ダウンロード対応

看取りケア経過観察表

2024 年 1 月 10 日 (水)　　　　　　　　　　　入所者氏名 桜井 △男 様

時　分	摂食内容	水分	排便	排尿	バイタル	巡回	コメント	署名
9:30	ゼリー	50cc					介助にてベッドの上でごく少量を召し上がった	
10:00			○					
10:40						○	話しかけると目を少し開けて、反応があった	
11:00								
11:30								
12:00						○	時折、数秒感の無呼吸あり。体位交換をすると、呼吸は落ち着いた	
12:30	アイス	3口						
13:30								

記入記号

【排便】軟便:○　　水様便:◎　　未消化便:▽　　硬便:△　　付着:付
【排尿】あり:○　　なし:×
【巡回】様子を見て変化がない時は○を付ける

看取りケア計画モニタリングシート

定期的に入所者の様子を記し、計画の変更や家族への説明に役立てましょう。

看取りケア計画モニタリングシート

入所者氏名 桜井 △男 様 (85 歳)　　　　　計画作成日 2024 年 1 月 10 日 (水)

日時	参加者	
1／5	ケアマネジャー 生活相談員 介護職員 看護職員	**医療面** バイタルは現状維持されており、たん吸引も定期的に行っている **介護面** ベッドにて生活する時間が長いが、定期的に車いすに乗る時間を設けている **栄養面** 食事中に傾眠することが増えてきた **その他** 拘縮が見られるため、ベッド上ではクッションを使用 同意欄　　　年　月　日　氏名
日時	参加者	医療面 介護面 栄養面 その他 同意欄　　　年　月　日　氏名
日時	参加者	医療面 介護面 栄養面 その他 同意欄　　　年　月　日　氏名
日時	参加者	医療面 介護面 栄養面 その他 同意欄　　　年　月　日　氏名

家族に説明を行い、同意を得る

看取りケア実施までの手順⑤
永眠時と
そのあとの対応

 医師による死亡診断が行われるまでの流れ

　施設の看取りケアでは、延命のための医療的処置は行いません。バイタルサインが確認できなくなったら、その日一緒に勤務している介護職員や看護師を呼び、心臓や呼吸が止まった状態（心肺停止）であることを、複数のスタッフで再度確認します。そのうえで、緊急時の対応マニュアルに従い家族や関係職員、医師に連絡します。家族の誰に、どのような方法で連絡するのかについては、事前に家族と話し合い、明確にしておきます。

　医師は、死亡診断を行ったのち「死亡診断書」に必要事項を記入します。死亡診断の説明を行うことも医師の役割です。

　死亡診断を行えるのは医師だけなので、死亡診断前に「死亡」「永眠」「逝去」といった言葉を使うのは避けましょう。

 死後の処置やデスカンファレンスについて

　死後の処置（エンゼルケア）は、家族と入所者のお別れがすんでから行います。一般的に、死後の処置はスタッフが行い、その間に、生活相談員などが家族とご遺体の引き渡し方などを相談します。家族の依頼があれば、葬儀業者への連絡も行います。

　家族と入所者が施設から去るのをお見送りしたのちも、看取りケアは続きます。死後のカンファレンス（デスカンファレンス）を実施し、振り返ることが、看取りケアへの理解を深め、ケアの質を向上させることにつながります。多くの場合、デスカンファレンスは数日経って落ち着いた頃に行われ、家族に参加してもらう施設も少なくありません。入所者の死後に改めて家族とスタッフが顔を合わせ、語り合うことは、グリーフケア（30、148ページ）としても有効です。

臨終からデスカンファレンスまでの流れ

STEP1　心肺停止の確認

バイタルサインの確認が不能であることを複数のスタッフで確認

STEP2　家族への連絡

誰に、どのような方法で連絡するか事前に確認しておく

STEP3　医師への連絡

夜間や休日の連絡方法も確認しておく

STEP4　**医師による死亡診断と死亡診断書の記入、家族への説明**

STEP5　死後の処置、葬儀業者への連絡など

STEP6　お見送り

STEP7　デスカンファレンス

- 家族も参加することが望ましい
- 家族やスタッフのグリーフケアとしても有効

ココを押さえる！

家族の気持ちに寄り添い、死後も尊厳を守る態度を示しましょう。デスカンファレンスで看取りケアを振り返ることが、ケアの質の向上につながります。

死亡診断書の記載者は医師（または歯科医師）に限られ、介護職員や看護師による記載は医師法に抵触します。

死亡診断書（死体検案書）

この死亡診断書は、我が国の死因統計作成の資料として用いられます。
かい書で、できるだけ詳しく書いてください。

氏名			1 男 2 女	生年月日	明治　大正 昭和　平成　令和　　　　　　年　　月　　日 （生まれてから30日以内に死亡したときは生まれた時刻も書いてください。） 　　　　　　　　　　　　　　午前・午後　　時　　分	
死亡したとき	令和　　年　　月　　日　　午前・午後　　時　　分					
死亡したところ及びその種別	死亡したところの種別	1病院　　　2診療所　　　　　3介護老人保健施設 4助産所　　　5老人ホーム　　6自宅　　　7その他				
	死亡したところ				番 番地 号	
	（死亡したところの種別1〜5） 施設の名称					
死亡の原因 ◆I欄、II欄ともに疾患の終末期の状態としての心不全、呼吸不全等は書かないでください ◆I欄では、最も死亡に影響を与えた傷病名を医学的因果関係の順番で書いてください ◆I欄の傷病名の記載は各欄一つにしてください。ただし、欄が不足する場合は（エ）欄に残りを医学的因果関係の順番で書いてください	I	（ア）直接死因		発病（発症）又は受傷から死亡までの期間 ◆年、月、日等の単位で書いてください。ただし、1日未満の場合は、時、分等の単位で書いてください。		
		（イ）（ア）の原因				
		（ウ）（イ）の原因				
		（エ）（ウ）の原因				
	II	直接には死因に関係しないがI欄の傷病経過に影響を及ぼした傷病名等				
	手術	1無　　2有		手術年月日	令和　平成　昭和 　　年　　月　　日	
	解剖	1無　　2有				
死因の種類	1病死及び自然死 外因死　不慮の外因死　（2交通事故　　3転倒・転落　　4溺水　　　5煙、火災及び火焔による傷害　　6窒息 　　　　　　　　　　　7中毒　　8その他） 　　　その他及び不詳の外因死　（9自殺　　10他殺　　11その他及び不詳の外因）　　12不詳の死					
外因死の追加事項 ◆伝聞又は推定情報の場合でも書いてください	傷害が発生したとき	令和・平成・昭和　　年　　月　　日 午前・午後　　時　　分		傷害が発生したところ	都道府県 市　　区 郡　　町村	
	傷害が発生したところの種別	1住居　　2工場及び建築現場 3道路　　4その他（　　　　　）				
生後1年未満で病死した場合の追加事項	出生児体重 　　　　　　　　グラム	単胎・多胎の別 1単胎 2多胎（　子中第　　子）		妊娠週数 満　　週		
その他特に付言するべきことがら						
上記のとおり診断（検案）する		診断（検案）年月日　　令和　　年　　月　　日 本診断書（検案書）発行年月日　　令和　　年　　月　　日				
（病院、診療所、介護医療院若しくは介護老人保健施設等の名称及び所在地又は医師の住所）					番地 番　　号	
（氏名）　　　　　　　医師						

終末期は入所者の容態が変わりやすい時期でもあるので、家族への連絡はこまめに取り、記録に残しておきましょう。

ダウンロード対応

家族との連絡票

入所者　桜井　△男　様

連絡日時	連絡先	連絡担当者氏名
2024 年 1 月 10 日 (水) 16 時 30 分	090—●●●●—××××	山川 ○子

連絡要件　　容態の変化　　受診の同意　　入院連絡　　(経過連絡)　　その他

連絡内容

昨日から微熱が見られ、不安定な状態が続いている。ベッド上で生活する時間が長く、音楽を聴きながら過ごされている。ゼリー食を併用しているが、食事量は毎食ゼリー1個程度

医療との連絡実施済み（　　　　　　　　　）

家族の意向・ニーズ等

タイミングよく行うことが大切

看取り介護加算の家族への説明

算定期間などは家族の理解を確認しながら説明

看取り介護加算は、死亡日以前45日以下の期間に算定されます。看取りケアに必要な費用を入所者と家族に最初に説明するのは、通常、施設の利用料を説明するときでしょう。看取り介護を希望する場合は、実際に看取り介護を行う前に、看取り介護の同意書とともに、看取り介護加算の費用を請求することへの同意書も交わします。

看取り介護加算は、死亡日からさかのぼって計算することになるため、家族にはわかりにくい部分もあります。入所者が回復を見込めない状態であると医師が判断し、同意を得て看取り介護が始まったとしても、入所者の死亡日によっては看取り介護加算が算定されない期間が発生します。費用の同意書には加算算定の期間も明記しますが、口頭で補足説明を行い、家族がしっかり理解できたか確認しましょう。

死亡以前31日以上45日以下の区分が2021年に新設

看取り介護加算は、2021年（令和3）年度介護報酬改定で対象期間がのび、死亡以前31日以上45日以下の区分が新設されました。介護報酬は72単位です。この期間にも手厚いケアを提供するための措置で、看取り介護加算Ⅰ、Ⅱとも同じ単位数です。

看取り介護加算の算定は、特別養護老人ホーム、特定施設入居者生活介護、グループホームの3つの事業者で認められています。

看取り介護加算とターミナルケア加算の大きな違いは、医療的なケアを行うかどうかです。看取り介護は日常のケア（食事や排泄の介助、清潔ケアなど）ですが、ターミナルケアは医療的なケア（痰吸引、経管栄養注入など）を含みます。ターミナルケア加算の算定が認められるのは、厚労省が定める基準を満たした介護老人保健施設などです。

看取り介護加算Ⅰ・Ⅱの１日あたりの単位数

▐ 介護老人福祉施設の単位数

介護老人福祉施設（特養）の１日あたりの単位数は以下のとおりです。

期間	看取り介護加算Ⅰ	看取り介護加算Ⅱ
死亡日の31日前〜45日前	72単位	72単位
死亡日の４日前〜30日前	144単位	144単位
死亡日の前日および前々日	680単位	780単位
死亡した日	1,280単位	1,580単位

▐ 特定施設入居者生活介護の単位数

特定施設入居者生活介護（介護付有料老人ホーム・ケアハウス・養護老人ホーム）の１日あたりの単位数は以下のとおりです。

期間	看取り介護加算Ⅰ	看取り介護加算Ⅱ
死亡日の31日前〜45日前	72単位	572単位
死亡日の４日前〜30日前	144単位	644単位
死亡日の前日および前々日	680単位	1,180単位
死亡した日	1,280単位	1,780単位

▐ グループホームの単位数

グループホームの１日あたりの単位数は以下のとおりです。

期間	看取り介護加算Ⅰ	看取り介護加算Ⅱ
死亡日の31日前〜45日前	72単位	加算対象外
死亡日の４日前〜30日前	144単位	加算対象外
死亡日の前日および前々日	680単位	加算対象外
死亡した日	1,280単位	加算対象外

ココを押さえる！

看取り介護の同意書と、看取り介護加算の費用請求の同意は同時に得ます。看取りに費用が発生することを、家族に理解してもらいましょう。

看取り介護は家族と二人三脚で

入所者の家族は看取りケアのパートナー

 家族との信頼関係をつくり、協力して看取り介護にあたる

　家族との連携は、質の高い看取りケアを行うために欠かせないものです。入所者の尊厳ある安らかな最期というゴールに向かって協力するパートナーとして、お互いの情報を共有したり、率直な考えを伝え合ったりして信頼関係を築いていきます。

　しかし、スタッフが家族と顔を合わせる機会は限られています。その中でも、入所を検討するために説明を受けに来たときや、入所の契約時あるいは入所時は、比較的ゆっくり話ができるときなので、入所者の日頃の様子や、家族自身の生活背景や看取り介護に関する考え方を、聞き取るようにします。家族の話の中には、日常のケアや看取りケアに役立つ情報が含まれています。業務に追われていると、説明したり同意を得たりすることをつい優先してしまいますが、家族が話しやすい雰囲気をつくりましょう。

 スタッフの対応にばらつきがないように配慮する

　どんなにやさしい態度で接しても、スタッフごとに言っていることややっていることにばらつきがあると、家族の信頼を得ることはできません。誰に聞いても同じ答えが返ってくるようにするためには、記録やカンファレンスを通してスタッフ間で情報を共有しておくことが大切です。また、手順や対応法をマニュアル化しておくと、一定の水準で統一感のある対応をすることができます。

　可能であれば、カンファレンスには家族も参加してもらい、面会の際には入所者の情報を提供しましょう。家族が入所者に関する記録の閲覧を希望することもあるので、情報開示請求書の提出など手順を踏んで閲覧できるようにしておきます。「家族連絡表」による情報提供も有効です。家族との信頼関係や連携があれば、入所者も安心できます。

家族と信頼関係を築くには

家族からの情報提供

- 入所の契約時、入所時、面会時などによく話を聞く

施設からの情報提供

- 説明時は書面を使ってわかりやすく伝える
- 入所者の情報をこまめに報告する
- 入所者に関する記録閲覧の体制を整える
- カンファレンスに参加してもらう（家族からの情報も得られる）

家族に対して、スタッフが統一した態度、言動で接する

信頼関係の構築

連携、協力して看取り介護を行う

入所者の安心、看取り介護の質向上につながる

ココを押さえる！

よい看取りケアを行うための基本は、家族との信頼関係。スタッフの態度・言動を統一し、情報提供を積極的に行い、家族が話しやすい雰囲気をつくりましょう。

家族の気持ちに寄り添う

家族の精神的ケアも心がける

家族の揺らぐ気持ちを理解し、話に耳を傾ける

　医療において「家族は第二の患者」といわれるように、施設においても、家族は入所者を一緒に支えるパートナーであると同時にケアを必要とする人です。大切な人を失うことに恐れや不安を抱き、その人が弱っていくのを見れば冷静でいられなくなるのも当然です。看取りケアの選択後も、心の中で悩んでいたり、他の家族との葛藤を抱えている可能性があり、また、入所者が食事をとれなくなったり、呼吸の様子が変わってきたりすると、看取り介護への気持ちが揺らぐことがあります。

　そのようなときは、いつでも意向は変えられることを伝えながらも、看取り介護を選択するに至った気持ちを再確認したり、家族間の問題を施設として解決できなくてもじっくり話に耳を傾けたりしましょう。入所者の変化が自然な経過であることを伝え、寄り添うことで、ほとんどの家族は気持ちが落ち着いていきます。

死に至る自然な経過を事前情報として提供する

　家族の不安を少しでも小さくするためには、あらかじめ見通しを伝えておくことが大切です。一般的に、最期のときが近づいてくると食事や水分がとれなくなり、うとうとする時間が増えます。問いかけに対する反応が鈍くなり、呼吸状態も徐々に変わってきます。このような予測できる変化を説明するためのパンフレットを作成し、丁寧に説明したうえで手渡しておくと、家族も心の準備ができます。

　何が起こるかわからないと不安は大きくなりますが、事前情報があればある程度落ち着いて状況を受け入れられるものです。ただ、事前情報があっても実際に変化を目の当たりにすると不安になるので、状態の変化に応じて繰り返し説明を行いましょう。

看取り介護の当事者である家族もケアする

☑ CheckList

▶ **家族の負担を和らげるケア**

☐ 家族が気持ちを打ち明けやすい雰囲気をつくり、話に耳を傾ける

☐ 家族の心情をスタッフで共有し、統一した態度で接する

☐ 臨終に向かう身体的変化、臨終時の身体的変化を事前に説明する

☐ 入所者の身体的変化を目の当たりにして戸惑ったり不安になったりしているときは、自然な経過であることを伝え、しばらく寄り添う

☐ 看取り介護実施の意向はいつでも変更できることを伝える。もし意向が変わっても、批判や非難はしない

☐ 家族と静かに入所者を看取るための環境を提供する（72ページ）

家族の話にじっくりと耳を傾けることが大切です

ココを押さえる！

大切な人を失う家族は看取り介護の当事者です。臨終に伴う身体的変化についても事前に説明し、不安な気持ちに寄り添います。

穏やかに看取れる環境の提供

付き添う家族のための環境整備

夜間も付き添う家族には宿泊室や簡易ベッドを用意

　最期のときが近づいてくると、家族は緊張状態が続きます。また、周囲に気兼ねしながらでは、穏やかな気持ちで看取ることができません。そこで、多床室の場合は、臨終が近づいたら家族と入所者だけで過ごせる部屋を提供できるようにしておきましょう。看取り介護加算算定要件の施設基準にも、「看取りを行う際に個室又は静養室の利用が可能となるよう配慮を行うこと」と明記されています。夜間の付き添いを希望する場合は、宿泊室に案内したり、入所者のベッドサイドで仮眠できたりするよう簡易ベッドや布団を用意します。また、ナースコールの使用法、守ってもらいたいルールなどを記したパンフレットを作ったり、はじめにトイレや洗面所の場所を案内したりするなど、看取りのために長時間施設に滞在する家族が困らないように配慮しましょう。

付き添い期間が長くなる場合もある

　高齢者は、状態が落ち着いていると思っても急にバイタルサインが悪化してそのまま亡くなったり、呼吸状態が悪くなっても同じ状態が続いたり、さまざまです。後者の場合は、付き添い期間が予想以上に長くなるため、家族に疲れがたまってきます。家族の環境にも気を配り、居心地のよい空間をつくるように心がけましょう。

　看取りの場として、個室や静養室の利用が望ましいとされていますが、中には慣れ親しんだ部屋で最期を迎えたいと希望する入所者もいます。その場合はできるだけ意向を尊重し、家族にも十分説明して、実現のために各所と調整を図りましょう。ただし、施設の構造やほかの入所者への配慮から、難しいこともあります。無理はせず、理解を得ながら施設としてできる範囲の対応をしましょう。

☑ CheckList

▶ **家族と入所者のための環境整備**

☐ 家族と入所者だけで過ごせる部屋を提供する

☐ トイレや洗面所など、家族が利用する可能性のある設備を
はじめに案内する

☐ ナースコールの使用法、守ってもらいたいルールなどは、パ
ンフレットを利用して説明する

☐ 夜間の付き添いを希望する場合は、宿泊室またはベッドサ
イドで仮眠するための簡易ベッドや布団を提供

☐ 入所者のための環境整備を行う際には、付き添う家族の環
境にも気を配る

☐ 家族の体調や気持ちにも意識を向け、話を聞く

☐ 可能であれば家族の食事を用意する

夜間の付き添いや長期にわたる付き添いも視野に、
家族の過ごしやすい環境を整えておきましょう

ココを押さえる！

家族と入所者が周囲に気兼ねなく安心して過ごせるよ
うに環境を整えます。付き添い期間が長くなり、家族
に疲れがみえたら、体調などを確認します。

看取り介護に不可欠

医師や医療機関との連携

 施設の考え方や方針を医師と共有し、一貫した看取り介護を行う

看取りケアにおいて、「回復の見込みがない」ことを判断し、死亡診断や死亡診断書の記入を行う医師の存在は重要です。施設によっては常勤医を配置しているところもありますが、多くの施設では嘱託などの非常勤医を配置しています。いずれにせよ、施設と医師の間で看取りケアについての考え方や方針を共有し、信頼関係を築いておくことが重要です。

配属医師とは日頃から情報を共有し、「看取り介護に関する指針」の作成にも関わってもらうようにしましょう。施設が目指す看取りケアについて理解を求めるとともに、医師の意見も聞き、反映させることで、「看取り介護に関する指針」に合致した看取りケアを一貫して行うことが可能になります。

 円滑なコミュニケーションが看取りケアの質を上げる

状態の急激な変化や心肺停止は、いつ起こるかわかりません。日中および夜間の連絡手段を配置医師と話し合って決め、スタッフのアクションプラン（具体的な対応手順）の作成に組み込み、マニュアル化しておきましょう。急変時や心肺停止時に適切な対処、連絡ができると看取りケアの質が向上し、医師との信頼関係も増します。

医療機関との連携も大切です。ときには家族の意向により、入所者を医療機関に搬送する可能性もあります。医療機関の地域医療連携室と連携関係を築き、施設としての考え方や方針を理解しておいてもらうとスムーズに事が運びます。入所者や家族に多様な選択肢を提供するために、市区町村に置かれている「地域包括支援センター」とも日ごろからコンタクトをとり、情報を共有しておくとよいでしょう。

医師や医療機関との連携

情報共有・連携

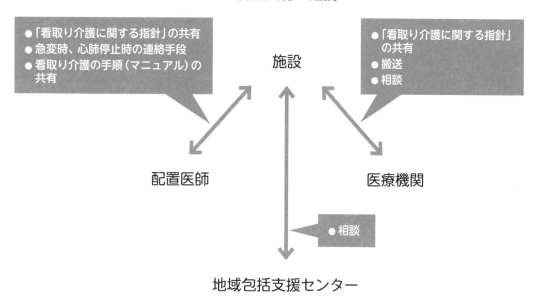

● 「看取り介護に関する指針」の共有
● 急変時、心肺停止時の連絡手段
● 看取り介護の手順（マニュアル）の共有

施設

● 「看取り介護に関する指針」の共有
● 搬送
● 相談

配置医師

医療機関

● 相談

地域包括支援センター

↓

看取りケアの質向上

ココを押さえる！

施設と医師の間で、看取りケアに関する考え方やマニュアルを共有し連携関係を築いておきます。家族もケアチームの一員ととらえ、こまめに情報共有しましょう。

看取り介護に付き添うご家族の皆様へ

危篤時・臨終時の身体的な変化や、付き添う家族への注意点などを、文書にして家族へ渡しておくとよいでしょう。

ダウンロード対応

看取り介護に付き添うご家族の皆様へ（ご案内）

① できるだけ穏やかにお見送りができるようにお手伝いさせていただきたいと思います。ご本人様のお好きなものや思い出の品物などをお持ちください。

② ご家族もできる限り、ご面会にいらしていただき、一緒の時間をお過ごしください。

③ 亡くなられた後、最期に身につけていただきたい衣類（お気に入りだったもの）などを事前にご用意ください。

④ ご家族の荷物、貴重品はご自身で管理をお願いします。

⑤ 携帯電話はマナーモードにした上で、通話の際は1階ロビー、談話コーナーまたはベランダなどでお願いします。
　※携帯電話を使用する場合は、職員に一言お声がけください。

⑥ 夜間ご家族が付き添われる場合、仮眠ができるリクライニングソファ（または折りたたみ簡易ベッド）をご用意しています。

⑦ お手洗いは各階共用トイレをご使用ください。

⑧ ご家族から事前にお申し出いただいている場合、1階職員用シャワー室のご利用が可能です（シャンプー、石けんなどはご自身でご用意ください）。

⑨ ご家族が更衣を希望される場合は職員にお申し出ください。ご利用いただけるお部屋をご案内いたします。

⑩ 事前（前日まで）にお申し込みをいただいている場合は、食事をご用意することが可能です。食事券を1階事務所でお求めください。食事の際は職員に声をかけていただき、各階談話コーナーなどをご利用ください。

⑪ 面会にいらしていない間に容態などに変化がある場合には、ご提出いただいている緊急時連絡先一覧に従って電話連絡をいたします。電話連絡にはご協力をお願いします。

⑫ 夜間は介護職員のみの勤務となりますが、適宜巡回してご様子を見ております。ご家族がお付き添い中、ご容態に変化があれば、ベッドお手元にあるナースコールでお知らせください。なお、看護師には24時間必要に応じて電話で連絡を取ることが可能です。

⑬ お車で来園の際は、正面玄関前の駐車スペースをご利用ください。駐車場が満車の場合は1階事務所にお声がけください。

⑭ 正面玄関は夜9時から翌朝7時30分まで施錠し、エレベーターも夜9時から翌朝7時30分まで運転を停止しています。この時間帯に出入りされる場合には、各階職員にお声をかけてください。また、この時間帯に面会にいらっしゃる場合は、事前にお電話でお知らせください。

上記以外に不明な点、ご要望などがある場合は、随時施設職員にお問い合わせください。

〇〇〇〇年〇月〇日　〇〇ホーム

看取り介護に付き添うご家族の皆様へ
～大切な人の旅立ちにあたって～

　これから看取り介護に付き添われる方に、ご入所者のお別れ前後に見られる身体の変化を記していきます。
　これらの変化はすべての人に見られたり、起こったりするわけではありません。
　大切なことは、ほとんどの変化がお別れまでに見られる自然な経過であり、ご入所者にとって苦痛ではないということ
をご理解いただきたいと思います。

お別れが近づいた時の変化

■身体がだるくなり、ベッドに休まれ、うとうとすることが多くなりますが、周囲の話し声は聞こえていると言われています。

■日にち・時間や場所、場合によってはご家族の顔も分からなくなることがあり、突然大きな声を上げたり、つじつまの合わないことを言ったりすることがありますが、これは身体のエネルギー代謝が低下する時の兆候と言われています。

■食事や水分を摂る量が減ってきます。手足にむくみが出ることもあります。

■唇が乾燥し、口の中が粘つき、呼吸の際にゴロゴロと音を立てることもあります。息苦しそうに見えるかもしれませんが、これも身体のエネルギー代謝が低下していることを示しています。

■手足が冷たくなり、皮膚は青白くなってきます。赤紫色に皮膚が変化する（チアノーゼ※）場合があります。内出血が目立つ時もあります。
　※チアノーゼ：血液中の酸素が不足して唇や指先が紫色になること。

■39℃前後の発熱が見られることがあります。これもお別れ前に身体が頑張っていることで起こる現象です。氷枕で頭部や腋の下を冷やしたりします。

■徐々に食事も水分も摂取できなくなるため、尿量が減ってきます。

■呼吸が不規則になります。10～30秒ほど止まったり、いびきのような呼吸をしたりすることがあります。
　また、下あごを使って全身で息をするような状態（下顎呼吸※）になります。

　※下顎呼吸：脳に酸素が回らなくなり、欠乏することで起こる呼吸。チアノーゼと共に、酸素不足が基で起こる現象。
　　酸素不足になると、脳内にエンドルフィンと呼ばれる麻薬のような物質が分泌されて恍惚状態（快感に近い状態）
　　になるため、意図的に酸素を吸入すると苦痛が強くなる可能性があるので、静かに見守ることが大切である。

お別れが来た時の変化

◆呼吸がなくなります。

◆脈が触れなくなります。

◆揺り動かしても、声をかけても、全く反応がなくなります。

◆眼球は動かず、まぶたは少し開いているか、閉じています。
　お別れの時に見られるご入所者の自然な姿を事前に知ることで、ご家族の心の準備にお役に立てることを願っています。

○○○○年○月○日　○○ホーム
施設長　○○○○
㊞

身元引受者

（ 看取りに向けて家族に用意してもらうもの ）

　まず必要なのは、エンゼルケアのあとに着せてあげる衣装です。家族が着せたいと思っているもの、入所者本人と家族が話し合って決めたもの、あるいは入所者自身がそのときのために用意したものなどいろいろな場合がありますが、看取りのときまでに必ず用意してもらいましょう。洋装の場合は、靴下やストッキング、靴、アクセサリー、和装の場合は足袋や履物といった小物類も確認します。死化粧の際に使いたい化粧品などがあれば、それも持ってきてもらうようにします。

　これらのほかに、遺影に使用する写真を用意しておくとよいことを伝えておきます。お見送りの後に施設でお別れ会を催す場合は、祭壇に飾る写真についても相談しておくとよいでしょう。

　また、葬儀に関する家族の話し合い、預金通帳等の整理、連絡先一覧の用意などもしておくことをすすめます。

　身寄りがない人の場合は、エンゼルケア後の衣装について、看取り介護の同意を得る際に確認したり、用意を促したりするとよいでしょう。それが難しく、施設職員が選ぶ場合は、入所者が気に入っていた服などを着せてあげましょう。

　和服を着つけるとき、亡くなった人の襟は左前（前身ごろの右側が上）になるので、間違えないように気をつけましょう。

PART 3

看取りケアの技術

入所者・家族に落ち着ける空間を

安心・安全・安楽な環境の整備

 最期を迎える環境も、入所者の意向を重視して

　環境整備の基本は、入所者にとって「安心・安全・安楽であること」です。同時に、スタッフがケアを行いやすいことや、付き添う家族が落ち着いて過ごせることにも配慮する必要があります。

　個室に入居している人の場合は、住み慣れた部屋で最後まで過ごしてもらうのが原則です。多床室の場合は、個室や静養室へ移動することが望ましいとされていますが、入所者や家族がそのままいつもの居室で過ごすことを希望する場合は、意向を尊重し、同室の入所者に理解を求めるなどして、望む場所で最期が迎えられるように援助しましょう。

　環境は心身にさまざまな影響を与えます。精神的にも身体的にも、穏やかに過ごせる空間をつくることが大切です。

 室温や換気、採光、ベッドサイドでの会話などにも配慮

　快適で安全な環境を整えることは、入所者や家族の尊厳を守ることにつながります。部屋の温度や湿度、明るさなどが適切に保たれているか、換気が行われているか、清掃が行き届いているか、不快な騒音がないかといったことを確認し、ベッドの清潔を保つケアをこまめに行いましょう。その人が大切にしている物や家族の写真などを、安全が保てる範囲で側に置いたり、好きな音楽を流したりするのもよいケアです。

　聴覚は最後まで保たれるといわれています。今後の見通しや葬儀のことなど、入所者の耳に入れたくない話は室外でするように家族にも説明し、理解してもらいましょう。意識があってもなくてもやさしく声をかけ、家族にも入所者への声かけを促すなど、最後までコミュニケーションを保つことも安心できる環境づくりのために必要です。

看取りケアにおける環境整備

基本

安心・安全・安楽 であること	住み慣れた部屋で最後まで 過ごしてもらう

多床室の場合は、個室や静養室に移動してもらうことも多いですが、入所者や家族がいつもの居室で過ごすことを希望する場合はその意向を尊重し、調整を図りましょう

環境整備のポイント

- 部屋は入所者と家族が落ち着いて過ごせる広さを確保する
- 家族やスタッフが動きやすいように物品を配置する
- 室温は18〜22℃、湿度は55〜65%程度に保つ
- 冷暖房による風や隙間風が直接当たらないようにする
- 適宜換気を行う
- 照明や日差しを調整し、適度な明るさを保つ
夜間はある程度暗くするなどし、生活リズムを保つようにする
- 清掃により、部屋およびベッドを清潔に保つ
- 入所者の好きな音楽やアロマオイルなどで癒しの環境をつくる
- 入所者の好きな物や家族の写真を側に置く
- 適宜声かけを行い、ベッドサイドでの会話内容に注意する

ココを押さえる！

入所者の心身を癒すことを目的に、環境に影響するさまざまな要素を検討します。刺激が少なく、入所者と家族が安心できる環境を整えましょう。

快適さを保ち感染を防ぐ

最後まで人間らしく過ごすための清潔の保持

 皮膚の生理的機能を保ち、QOLを向上させる効果がある

　体の清潔を保つケアは、皮膚に備わっている保湿機能、体温調節機能、静菌・緩衝作用、免疫機構などの生理機能をきちんと働かせるために重要です。皮膚を不清潔な状態にしておくと、感染症の原因になるばかりでなく、汚臭が生じ、QOLの低下や尊厳を守れなくなることにつながります。

　皮膚には、スキンシップによるコミュニケーションを図る役割もあります。皮膚の清潔を保ち、家族やスタッフが親しみを持って皮膚に触れることによって、最後まで人のぬくもりというコミュニケーションを保つことが可能になります。

　また、入浴や清拭で爽快な気分を感じてもらうことや、温かさやマッサージの効果で全身の血流を促すこともその目的です。

 洗髪、口腔ケア、着替えなどでも清潔を保つ

　看取り期にある人でも、負担をかけない範囲で入浴を行います。とくに、入浴を楽しみにしていた人の場合は、短時間でも入浴できるように援助しましょう。入浴が難しい場合は清拭を選択しますが、可能なら手浴や足浴を行うと爽快感を増すことができます。

　頭髪の清潔にも気を配りましょう。髪や頭皮は汗や皮脂などで汚れやすく、清潔のケアをおろそかにすると、抜け毛やフケ、臭いの原因となります。洗髪を行うのが理想ですが、難しい場合は熱い蒸しタオルとドライシャンプーを用いて清潔を保ちます。

　寝衣や寝具を清潔に保つことや、朝晩の洗顔、口腔ケアも欠かせません。また、髪や服装などを整える整容にも配慮し、最後まで人間らしく過ごせるような清潔保持のケアを行いましょう。

人間らしく過ごせるような清潔保持のケアを

看取り期の清潔のケア

入浴・清拭	洗顔	シーツ交換
手浴・足浴	口腔ケア	整容 （男性はひげ剃り）
洗髪	着替え	爪切り

入浴や清拭の目的

● 皮膚の生理機能の維持

● 細菌やウイルスの感染、繁殖の防止

● 血流の促進、拘縮の予防、褥瘡の予防

● 皮膚の異常の早期発見

● QOLの向上

● コミュニケーションの促進

ココを押さえる！

清潔の保持は入所者の尊厳を守る意味でも大切。スキンシップによるコミュニケーションの促進にもつながります。可能であれば入浴や洗髪も行いましょう。

無理せず入所者のペースに合わせる

入所者の意向に沿った栄養と水分を

🏷️ 食べたいときに、食べたいものを、食べたい分だけ

　看取り期にある入所者は、食事や水分の摂取が困難な状態にあります。1日でも長く生きてもらうために、一さじだけでも食べてもらおう、一口だけでも飲んでもらおうという気持ちになりがちです。もちろん、最後まで食べるよろこびを味わってもらうことは大切です。しかし、入所者が求めていない場合に、こちらの思いだけで食事や水分をすすめるのはよくありません。

　入所者の欲求やペースに合わせて、食べたい（飲みたい）ときに、食べたい（飲みたい）ものを、食べたい（飲みたい）分だけ提供することがケアの基本です。

　食べ物の無理な摂取はエネルギーを消耗するため、体力の低下を招きます。また、誤嚥などの危険があり、苦痛を与える可能性があるということも理解しておきましょう。

🏷️ 各職種が専門性を発揮し、連携してケアを提供

「看取りケア計画書」には、入所者が好む食べものや飲みもの、摂取できる形態、提供する時間や場所などを反映させますが、それを実行するには、多職種の連携が欠かせません。医師の意見も聴きながら、看護師、介護職員、管理栄養士（栄養士）、厨房スタッフなどで相談し、それぞれの専門性を生かして、適切なケアを提供していきましょう。

　食事を中止したときや半量にしたときは、少量で多くのエネルギーを摂取できる栄養補助食品の利用を検討する場合もあります。また、家族に入所者の好きなものを持参してもらうのもよいでしょう。

　家族が、どうしても食事や水分を与えたいと希望することもありますが、その場合は、無理に摂取することによって生じる苦痛やリスクを丁寧に説明し、理解を求めましょう。

看取り期の食事

看取り期における食事の考え方

● 身体機能の低下が著しく、咀嚼や嚥下が困難になる看取り期の献立は、入所者の好みを取り入れるとともに、少量でも栄養価の高いもの、水分の補給につながるものを中心に考える

● 食べる量や好むものは、その日によって異なる場合もあることを理解しておく

● 食事の無理な摂取はエネルギーを消耗するので、入所者が食べられる状態と判断したときに、入所者のペースに合わせて提供する

● 元気な時期に、好んで食べていたものや郷土料理、季節の行事料理の思い出、得意だった料理などについて情報を集めておき、食欲が低下した看取り期の献立に取り入れる

胃ろうの場合

入所者の許容量を超える量を注入すると、胃から栄養剤が逆流してしまい、逆流性食道炎や誤嚥性肺炎、窒息などの危険が増すため、医師の指示により栄養剤の内容や量を変更、または中止したりすることがある

たとえ少量でもおいしく食べられるような工夫をしましょう

ココを押さえる！

入所者の好みについて事前に情報を収集し、看取り期の食事に生かしましょう。医師、看護師、栄養士など多職種の連携が必要です。

陰部や臀部の清潔保持に務める

気持ちよく・安心できる排泄ケアを目指す

 排泄の状態をアセスメントし、適切なケアを行う

　排泄は、入所者の健康状態を知る手がかりとなるため、排尿・排便の量や回数、性状をこまめに観察し、記録することが大切です。衰弱が進むと食事や水分が摂れなくなり、また腎機能の低下もあって尿量が減ります。便の量は、少なくなることもありますが、体の中にたまっていた老廃物が排泄される場合もあります。また、体動や腸の動き（腸蠕動）が減って便秘になったり、腹部の張り（腹部膨満感）によって不快感が生じたりしている場合は、腹部マッサージや温罨法などを行い、医師に相談しましょう。

　排泄の状態をアセスメントし、おむつや尿取りパッドを使用する時間帯や、排泄介助を行う時間を検討するなど、入所者一人ひとりに適したケアを行うことを心がけます。

 質の高い排泄ケアは、ケア全体の満足感向上につながる

　排泄のケアを適切に行うことは、陰部や臀部の清潔を保ち、尿路感染症や皮膚のトラブルを防止する上でも有効です。看取り期は、細菌に対する抵抗力や皮膚の防御機構が低下するため、陰部や臀部の清潔保持にはとりわけ気を配りましょう。

　排泄のケアは、入所者の尊厳を守る上で非常に重要な位置を占めます。また、QOL向上という意味でもおろそかにすることはできません。羞恥心は最後まで残る感情の一つなので、排泄介助時はプライバシーの保持に務め、その間、家族には席を外してもらう配慮なども必要です。

　気持ちのよい排泄、安心できる排泄は、施設におけるケア全体に対する満足度を高めます。元気だった頃の排泄習慣なども考慮しながら、質の高い排泄ケアを目指しましょう。

質の高い排泄ケアのために

看取り期の排泄ケアのポイント

- 排尿・排便の量や回数、性状を観察し、記録する
- 便秘の有無、腹部膨満感などの不快感の有無、むくみの有無も確認する
- 便秘や腹部膨満感に対しては、腹部マッサージや温罨法などを実施。必要に応じて医師に相談する
- 体位を工夫する。座位の方が、腹圧がかかるため排泄しやすい
- 排泄の状況に応じて、排泄の方法やケア方法を検討する
- 陰部や臀部の清潔を保持し、尿路感染症や皮膚トラブルの予防を図る
- プライバシーの保持に務める

適切な排泄ケア　▶　気持ちがよい・安心できる　▶　施設のケアへの信頼感や満足感が向上

ココを押さえる！

排泄の状態をアセスメントすることが、質の高いケアにつながります。羞恥心にも配慮し、個々に応じた排泄方法を選択しましょう。

苦しそうな呼吸も死に至る自然な変化

呼吸の変化を観察する

 呼吸状態の変化について理解し、家族に説明する

　最期のときが近づいてくると、呼吸の状態が変わってきます。口を開けたまま、あえぐような呼吸をすることがあり、苦しそうに見えますが、本人は苦痛を感じていないとされています。終末期でこのような呼吸をしているとき、心臓や肺の機能は低下し、呼吸筋の動きも弱くなっています。血液中の酸素が欠乏し、脳に十分な酸素が供給されないようになると、脳内麻薬物質が分泌されるため、苦痛は感じないのです。これは、苦痛からその人を守る人体の働きで、むしろ至福感があるといわれています。

　そのようなときに酸素を吸入することは、人体の自然な働きを妨げる可能性があります。家族には、「見た目とは違い、ご本人は苦しくないんですよ」と伝え、できれば看護師や医師からもそのように説明してもらいましょう。

 唇や口腔内の乾燥に対する適切な口腔ケアを

　口を開けて呼吸をしていると、唇や口の中の粘膜が乾き、分泌物がこびりつくなどします。そのようなときは、口腔ケア用のスポンジに水を含ませ、分泌物を取り除くとともに口腔内を保湿するケアを行います。脱水や唾液腺の機能低下により唾液の分泌が少なくなり、乾燥が進むと口臭も生じてくるので適切な口腔ケアを行いましょう。

　亡くなる直前には、ときおり呼吸が止まる（無呼吸）が見られ、顎だけで呼吸をする「下顎呼吸」があらわれるようになりますが、それも死に至る際の自然な変化です。家族は、わかっていても苦しそうに見えればつらい気持ちになるので、体位をより安楽なものに整えたり、寝具や寝衣で呼吸が妨げられたりしていないか確認しながら、静かに見守ることが大切です。

終末期が近づくと呼吸が変わる

▣ 終末期の呼吸

チェーンストークス呼吸	10秒から30秒くらい呼吸が止まり、その後、浅めの呼吸が始まって徐々にゆっくりと深い呼吸に変わるというサイクルを繰り返す
死前喘鳴	呼吸をするたびに、喉の奥でゼロゼロ、ヒューヒューという音がする
肩呼吸（努力呼吸）	呼吸のたびに肩を大きく動かし、頑張って呼吸をしているように見える
下顎呼吸	下顎だけを動かして呼吸する

※必ずしもここで説明した呼吸のすべてがみられるわけではありません

終末期の口腔ケア

● 唇や口腔内にこびりついた分泌物を、水を含ませた口腔ケア用のスポンジなどでやさしく取り除く

● 保湿ジェルや人工唾液で口腔内を保湿する

● 保湿することで汚れも落としやすくなる

● 口腔内の粘膜が傷つきやすくなっていることに配慮して、力の入れ方や実施回数を考える

● 舌苔の除去は保湿しながら、舌を傷つけない程度に行う

口腔ケア用のスポンジをあまり奥まで入れると、嘔吐反射により苦痛が生じるので気をつけましょう

ココを押さえる！

呼吸困難は終末期に起こりやすい症状です。呼吸の変化をよく観察しましょう。乾燥しやすい口腔内は適宜ケアを行います。

体温の状態に応じたケアを行う

終末期に起こりやすい 発熱と低体温（冷感）

 終末期は発熱や低体温が起こりやすい

高齢者は体温調節機能の低下により、気温や室温の影響を受けやすくなっています。終末期となり、体が衰弱してくると、急に発熱したり、低体温になったりすることもあります。発熱は感染症や脱水によっても生じますが、明らかな感染症がない場合は冷罨法（クーリング）などで対応します。

発熱は頻脈（100回／分以上）を引き起こし、心臓に負担をかけるため放置するのはよくありません。寝具や寝衣、室温を調節し、必要に応じて冷罨法を実施します。氷枕や保冷剤による冷罨法は体温の過度な低下を招くこともあるので、こまめに体温測定を行いましょう。また、発熱時は口渇を感じるので、飲水が可能なら少しずつ水分摂取を促します。自力での水分摂取が難しい場合は、冷たい水を含ませた口腔ケア用のスポンジなどで、唇や口腔内を湿らせましょう。

 苦痛を感じないようにすることが大切

過度に体温が下がり（低体温）、手足に冷感が生じている場合は保温に努めます。とくに悪寒や戦慄（ふるえ）が見られるときは、電気毛布や電気あんか、湯たんぽなどを用いて温罨法を行うのもよいでしょう。ただし、低温やけどを起こさないように、電気あんかや湯たんぽは直接皮膚に触れないようにします。また、悪寒や戦慄の後には体温が上がるので、体温測定をこまめに行います。

大切なのは本人の安楽なので、嫌がるようなら無理に冷罨法や温罨法を行う必要はありません。とくに、死が数日後に迫っている時期は苦痛の緩和を主眼にケアを行います。発熱して発汗がある場合は、汗を拭く、着替えをするなどのケアを行いましょう。

発熱と低体温（冷感）のケア

発熱時

- 寝具や寝衣、室温の調節
- 冷罨法（首、わきの下、鼠径部を氷枕や保冷剤で冷やす）
- 発汗に対するケア（汗を拭く、適宜着替えをする）
- 口渇や脱水に対するケア（可能なら水分摂取を促す、適宜口腔ケアを行う）
- 体温測定を行い、体温が下がりすぎないように注意する

低体温（冷感）時

- 寝具や寝衣、室温の調節
- 温罨法（電気毛布、電気あんか、湯たんぽなどで温める）
- 電気あんかや湯たんぽによる低温やけどに注意する
- 体温測定を行い、体温が上がりすぎないように注意する

一般的に、高齢になると若い頃に比べて平熱が低くなります。
入所者の平熱を把握しておくと、発熱や低体温の際に適切なケアを行うことができます

ココを押さえる！

終末期にある高齢者は体温調節機能が低下し、発熱や低体温が起こりやすいので、状態に応じたケアを行って苦痛の緩和に努めましょう。

身体的な苦痛をまず取り除く

痛みなどの苦痛を緩和する

身体的な苦痛の軽減は、精神的な安楽にもつながる

　終末期には、全身のだるさ（倦怠感）や発熱、食欲不振、下痢、便秘、吐き気、咳や痰など、さまざまな身体的苦痛を伴います。これらを完全に取り除くことは難しくても、できる限り安楽な状態を保つことで、精神的な苦しみも緩和されます。死ぬことが怖いのは、死そのものの恐怖もさることながら、強い身体的苦痛があるのではないかという恐れがあるからです。身体的な苦痛は死への恐怖を増幅させるのです。

　そこで、安楽な体位の保持、環境整備や保清、適切な排泄ケアなどを行い、身体的苦痛の緩和に努めます。長く臥床していると体の痛みが生じ、とくに拘縮や硬直がある場合には配慮が必要です。体位交換や清拭、排泄介助のときなどに苦痛を与えることがないように、体の支え方や、動かし方を工夫しましょう。

気遣いのある態度で、やさしい声かけを最後まで

　人間の五感のうち、最後まで残るのは聴覚だといわれています。眠っているように見えても、周囲の音や会話は聞こえていると考え、物音や話す内容には細心の注意を払いましょう。その上で、訪室したらやさしく声をかけ、体位交換などのケアを行う前には必ず「〇〇しますね」と知らせます。こうした言葉によるコミュニケーションは、入所者だけではなく家族の心も癒します。

　付き添っている家族にも、積極的に入所者への声かけを行ってもらいましょう。楽しかった思い出話、最後に伝えたいこと、あるいは今日の天気の話など、何でもよいのです。大きな声でなければ、好きな歌や思い出の歌を歌ってもらってもいいでしょう。

　これらは、家族が最後まで入所者にしてあげられる積極的なケアです。

終末期の苦痛の緩和

終末期に生じる身体的な苦痛に対して

- 環境整備で快適な環境をつくる
- 寝具や寝衣に配慮し、寝心地をよくする
- 体や口腔内の保清
- 食欲不振、下痢や便秘に伴う腹部の不快感、嘔気・嘔吐への対応
- 安楽な体位を保つ
- 体位交換、清潔や排泄のケアの際の支え方、動かし方の工夫
- 手足が冷たい場合には保温を行う
- 発熱に対するケア
- 褥瘡の防止　など

恐れや孤独などの精神的な苦痛に対して

- 最後まで言葉やスキンシップによるコミュニケーションを図る
- 皮膚に触れるときは、介護者の手の冷たさや触り方に気をつける
- 家族にも、声かけや手足をさするなどのコミュニケーションをすすめる
- 入所者が好む音楽や香りなどを利用する
- 不快な物音や、入所者を傷つけるような会話に注意する　など

ココを押さえる！

終末期に伴う苦痛について理解しましょう。身体のどこかに苦痛がないかよく観察し、最後まで人間らしいコミュニケーションを継続します。

いくつかの特徴的な症状がある
危篤時の兆候とケア

危篤時の身体的変化について理解し、よく観察する

　危篤とは、おおむね24時間以内に死が予測されるときを指します。危篤状態を判断する観察のポイントは、血圧、脈拍、呼吸、尿量などの変化、皮膚の状態、意識障害の有無などです。

　具体的には、血圧が測定できないほど下がる、脈拍が弱く触れにくくなる、チェーンストークス呼吸や下顎呼吸など呼吸の変化があらわれる（89ページ）、尿量が極端に減る（ほとんど出なくなる）、皮膚が紫色になり手足に触れると冷たい（冷感）、呼びかけに反応しない（意識レベルの低下）などです。危篤時の身体的変化を理解しておくことによって、状態の変化を早期に発見し、適切な対応をとることができます。「いつもと様子が違う」と感じたら、これらのことを観察しましょう。

医療職への連絡、家族と入所者のお別れ

　危篤状態の兆候を察知した瞬間は緊張しますが、できるだけ冷静に状態を観察しましょう。家族や医療職への報告は客観的であることが重要です。

　施設内に医療職がいるときは、付き添いの家族に「いつもと少し様子が違うので、看護師を呼びますね」などと断りを入れ、医療職を呼びます。夜間など医療職が不在の場合の対応は、施設によって異なるでしょう。大切なのは、家族と入所者が穏やかにお別れできるように援助することです。危篤時の兆候が見られたからといって、触れてはいけないというわけではありません。やさしく言葉をかけ、手足をさすってあげるなど、最後まで温かいコミュニケーションを図りましょう。家族が不在なら、施設のスタッフがその役割を十分に果たすようにします。

危篤状態のケア

観察ポイント

● 血圧：測定できないほど低下する

● 脈拍：速く弱くなり、だんだん触れにくくなる

● 呼吸：チェーンストークス呼吸、死前喘鳴、肩呼吸（努力呼吸）、
　　　　下顎呼吸があらわれる

● 尿量：極端に減る、ほとんど出なくなる

● 皮膚：皮膚や爪が紫色になり、手足に触れると冷たい（冷感）

● 意識レベル：呼びかけに反応しない

● その他：肛門が弛緩し便が出てくる　など

これらの兆候が見られると、おおむね24時間以内に死が訪れるとされますが、もっと短い時間で死に至る場合や、反対に数日続く場合もあります。家族には、時間的な予測が難しいということも含めて、これらの兆候について事前に情報提供しておきましょう

危篤状態の兆候があらわれたら

① 観察ポイントを冷静に確認する
② 医療職に連絡する
③ 家族に客観的な状況を伝える
④ 家族と入所者の静かなお別れを援助する
⑤ 家族が不在なら、施設スタッフが言葉かけなどを行う

ココを押さえる！

「いつもと違う」と感じたらバイタルサインや冷感をよく観察します。危篤時は家族と入所者がお別れをするときであることを理解し、家族を援助しましょう。

身体的な「死」の状態とは

32
技術

基礎知識として「人の死」を理解

 死亡診断書で確認する「死の三兆候」とは

　死亡診断は医師・歯科医師にしかできませんが、何をもって「人の死」とするのか、看取りケアを行う介護職も基礎知識として理解しておく必要があります。

　「死の三兆候」とは、医師が死亡診断を行う際に必ず確認する「不可逆的な心停止」「不可逆的な呼吸停止」「瞳孔散大・対光反射消失」の３つを指します。これらは、生命の維持に不可欠な臓器である心臓、肺、脳の働きが止まったことを示す状態です。医師が不在の場合は、看護師がこれらを確認することもありますが、「死亡診断」を行うことはできないので、家族には「心臓と肺の動きが止まった状態で、瞳孔が開いて光に対する反射もありません」など、あくまでも客観的な観察結果を伝えるにとどめます。

　医療職が不在で介護職のみのときに呼吸が止まった場合は、一般的に、複数のスタッフで血圧測定不能、脈拍と呼吸の停止が数分間続いたことを確認し、家族にその事実を伝えたうえで医療職に連絡しますが、施設でマニュアルを作成しておきましょう。

 脳死についての知識

　死の三兆候である「不可逆的な心停止」「不可逆的な呼吸停止」「瞳孔散大・対光反射消失」は、医学的に死を判断するための基準ですが、臓器移植の発展により、「脳死」という死の概念も生まれています。脳死は、「深い昏睡」「瞳孔の散大と固定」「脳幹反射の消失」「平坦な脳波」「自発呼吸の停止」の５項目を検査し、６時間以上おいて２回目の検査を行って不可逆的であることの確認をした場合に判定されます。

　身体機能の低下した高齢者に脳死が適用されることはありませんが、「人の死」の定義は医療の進歩や状況などによって変わるということも知っておきましょう。

医学的な人の死とは

死の三兆候

これらを医師・歯科医師が確認し、「死亡診断」を行う

● 不可逆的な心停止　　● 不可逆的な呼吸停止　　● 瞳孔散大・対光反射消失

フローチャート： 医師が不在のときの看護師の対応

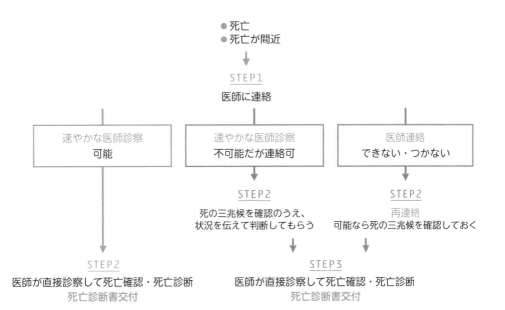

● 死亡
● 死亡が間近

↓

STEP1

医師に連絡

| 速やかな医師診察 可能 | 速やかな医師診察 不可能だが連絡可 | 医師連絡 できない・つかない |

STEP2
死の三兆候を確認のうえ、状況を伝えて判断してもらう

STEP2
再連絡
可能なら死の三兆候を確認しておく

STEP2
医師が直接診察して死亡確認・死亡診断
死亡診断書交付

STEP3
医師が直接診察して死亡確認・死亡診断
死亡診断書交付

ココを押さえる！

死は医師・歯科医師が判定します。死亡診断の前に家族に「死亡」を伝えることはできません。「死」の定義をきちんと理解しておきましょう。

明確に取り決めておくことが大切

医師や家族を
呼ぶタイミング

家族を呼ぶタイミング

　家族を呼ぶのは、基本的に、回復の見込みがないという判断をしたとき、急変したとき、危篤状態の兆候があらわれたときなどですが、入所者や家族の希望も聞くようにします。意識がはっきりしているうちに話したいことがあるというような場合は、適宜連絡を取りましょう。

　危篤状態の兆候があらわれてから、実際に亡くなるまでの時間は人それぞれです。あっという間のこともあれば、数日間危篤状態が続くこともあります。家族には、そのようなこともあることを事前に伝えておきましょう。状態が落ち着いているからと帰宅した直後に、息を引き取ることもあります。自然な死は人間がコントロールできるものではないとはいえ、「死に目に会えなかった」ことで後悔する家族もいます。家族が立ち会えなかったときは、最期の状況を丁寧に伝え、「苦しまれた様子はありませんでしたよ」「穏やかな最期でしたよ」など、家族が少しでも安心できるような言葉かけを心がけましょう。

医師を呼ぶタイミング

　どのタイミングで医師を呼ぶかは、施設としてルールを決め、マニュアル化しておきましょう。施設の管理者、生活相談員や介護支援専門員（ケアマネジャー）、介護職員、看護師、医師で協議し、どのような状態になったら医師を呼ぶか、日中、夜間、休日の連絡方法などをきちんと明文化しておきます。医師が休暇や学会などで不在のときは、代わりの医師に対応してもらいます。その場合の連絡方法なども確認しましょう。

　臨終の場に必ずしも医師はいなくてもよく、呼吸の止まった時刻を施設のスタッフや家族が確認しておけば問題はありませんが、ルール化してそれを守ることが重要です。

緊急時の連絡体制

■ 緊急時（心肺停止時）の連絡体制の例

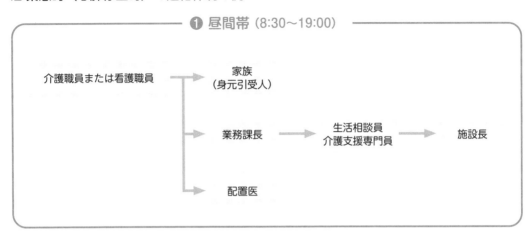

❶ 昼間帯（8:30〜19:00）

介護職員または看護職員 →
- 家族（身元引受人）
- 業務課長 → 生活相談員 介護支援専門員 → 施設長
- 配置医

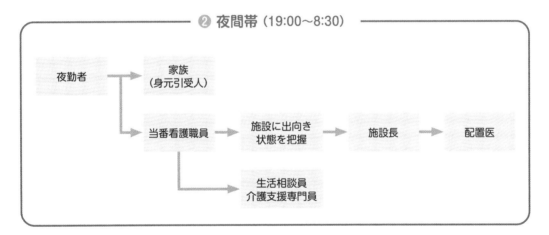

❷ 夜間帯（19:00〜8:30）

夜勤者 →
- 家族（身元引受人）
- 当番看護職員 → 施設に出向き状態を把握 → 施設長 → 配置医
  - 生活相談員 介護支援専門員

ココを押さえる！

家族や医師を呼ぶタイミングについてルールを決め、マニュアル化しておきます。ルール化したことは、すべての職種がきちんと守ることが大切です。

34 技術

家族の心情に思いを馳せる

危篤時・臨終時の家族のケア

 正しい情報の提供と落ち着く環境を提供

　家族ケアの基本は、「正しい情報をわかりやすく伝える」「家族の心情に寄り添う」「家族が穏やかに入所者を看取れる環境整備」です。危篤時・臨終時においては、入所者が今どのような状態にあり、それが今後どう変化していくか、なぜそのようなことが起こるのかなど、危篤時・臨終時の身体的変化について、正しい情報を提供することがまず求められます。これから起こること、それが死に向かう自然な姿であることを理解できると、家族の気持ちは多少なりとも落ち着きます。

　呼吸の変化などを目の当たりにしても、「施設の人が言っていた通りだ」と思えば過度にうろたえずにすみ、また施設スタッフへの信頼が増します。

　それでも家族は不安になるので、心情を理解して寄り添う言葉や態度を示し、刺激の少ない環境を用意することが求められます。

 家族の態度がどうであれ、非難せずに見守る

　家族がいちばん緊張するのは、チェーンストークス呼吸や下顎呼吸が出現したり、バイタルサインが低下したりしたときでしょう。そのとき、スタッフは落ち着いた態度で対応しながらも、事務的な印象や冷たい印象を与えないように注意を払います。言葉の調子や表情に気をつけながら必要なことを行い、家族には、入所者に言葉をかけたり、手を握ったり、体をやさしくさすったりすることをすすめましょう。このような行為は、入所者だけでなく家族にとっても癒しとなります。

　家族の中には、入所者にやさしい態度をとれない人もいますが、他者にはうかがい知れない歴史や葛藤もあるということを理解し、非難することなく見守りましょう。

家族の心情を理解し、寄り添う

家族にもケアに参加してもらうことが家族のケアになる

家族自身の癒しにつながる行為

● 入所者へのやさしい言葉かけ

● 手を握る

● 体をやさしくさする

● 入所者の好きだった歌を歌う　など

> ただし、無理強いはしないこと。側にいるだけでもよいということも伝えましょう

> 家族が入所者にやさしい態度を取れなくても、批判的な態度は控えましょう。スタッフのどんなときも変わらない真摯な態度が、家族の心を癒すこともあります

ココを押さえる！

危篤時・臨終時の家族の反応・態度はさまざまです。個々に応じたケアを行い、ときにはただ見守ることも大切です。

35 技術

安らかな死を支える

宗教や信仰への配慮

 信じるものに支えられたいという気持ちを理解

　日本人は特定の宗教への信仰心を持たない人が多いとされていますが、全員がそうではありません。入所者の中にも、仏教やキリスト教など特定の宗教に帰依している人はいます。そのような人が死を前にしたとき、自分が信じるものに支えられたい、見守られたいという気持ちになるのは当然のことといえるでしょう。臨終時に宗教的な儀式を執り行うなどは、他の入所者のことも考えると難しいですが、看取り期に宗教者（牧師、神父、僧侶など）と面会するといったことで心が安らぎ、満足を得られるのなら検討する価値はあります。

　入所者と家族が何を望んでいるのか、施設としてどこまで許容できるかを具体的に話し合い、他の入所者への影響にも十分配慮した上で、可能な範囲で対応したいものです。

 「スピリチュアルな苦痛」に対するケア

　緩和ケアの対象となる4つの苦痛（19ページ）のうち、宗教や信仰との関わりがとくに強いのは「スピリチュアル（霊的）な苦痛」です。「スピリチュアル（霊的）な苦痛」は、人生の意味や罪の意識、死生観の悩みなど明確な答えのないものなので、介護職や医療職ではなかなか十分なケアができませんが、宗教や信仰心によって救われる可能性はあります。2011年の東日本大震災以降はその力が見直され、医療現場で心のケアにあたる宗教者の専門職「臨床宗教師」が資格化されました。

　また、いわゆる「お迎え」についての研究もあります。とくに在宅の場合、「（すでに亡くなった）両親が会いに来た」「友達が来た」などと看取り期の人が話すことはめずらしくないようですが、その際は否定することなく自然に受け止めましょう。

宗教や信仰への対応

STEP1 入所時に宗教や信仰についても情報収集する

STEP2 看取り期において、宗教や信仰に関することで
何を望んでいるのか具体的に聞く

STEP3 施設としてどこまで受け入れられるかを検討

STEP4 可能な範囲で対応
- 宗教者（牧師、神父、僧侶など）との面会
- その宗教に関係するものを身につける
- その宗教に関するものを身近に置く　など

宗教や信仰への対応の考え方

- 信仰する宗教によって、死の意味や死後の考え方はいろいろです。この世とのお別れの仕方も個性があります。さまざまな宗教についての理解を深め、入所者や家族の信仰心に寄り添えるようにしましょう
- 宗教的な満足が看取りへの満足につながることも多く、反対に、宗教がないがしろにされると不満や後悔が残ってしまうこともあります

ココを押さえる！

宗教や信仰への配慮は、「スピリチュアルな苦痛」のケアに結びつきます。可能な範囲で対応するとよいでしょう。

各職種の役割と連携

質の高い看取りケアを行うためには、チームケアが不可欠です。各職種の役割を明確にするとともに、円滑な連携が可能となるように体制を整えましょう。

- 情報共有とコミュニケーション、お互いの仕事に対する理解が進むことによりチームケアが確立し、看取り介護の質が向上します。
- 定期カンファレンスには、医師も含め全職種が参加するのが理想です。また、入所者や家族の状況に応じて適宜小規模なカンファレンスを行い、情報共有に努めましょう。

● 施設管理者

- 施設で行われる看取りケアの総括管理。施設としての方針、目標の決定作業を牽引し、職員がその方針に基づいて目標に向かえるように体制を整える。
- 看取りケアを行う中で生じる諸問題に対応する。各職種と情報を共有し、的確に判断する。

● 医師

- 終末期（回復の見込みがない）の判断、家族への説明と同意（インフォームドコンセント）、緊急時および夜間帯の対応と指示、各協力病院との連携・調整、定期カンファレンスへの参加、死亡診断と死亡診断書の記載。

● 生活相談員

- 家族への連絡、説明、相談、調整で中心的な役割を果たす。生活相談員による家族支援は入所前から死後まで、段階的かつ継続的に行われる。
- 家族に寄り添い、家族の意向の変化や状況の変化に応じて支援を考え、調整業務を行う。
- チームケアの中核を担い、チームメンバーが一致した方針、目標に向かうための調整も行う。
- 緊急時・夜間帯のマニュアル作成を主導し、その徹底を促す。

● ケアマネジャー

- 主に「看取りケア計画書（ケアプラン）」の作成を行う。各職種から情報を収集し、入所者と家族の意向を反映させた計画書を作成。各職種が適切に介入できるように配慮する。
- カンファレンスの主催と進行も行う。

● 看護職員（看護師・准看護師）

- 医師や協力病院との連携、入所者の状態観察に応じた医療処置の実施、疼痛緩和、家族への説明と不安への対応などを行う。
- 医療職の視点で入所者の状態を評価し、どのような援助や支援が必要かを考え、それをチームケアに生かす。
- 死に至るまでの身体的変化や死生観についての職員教育で中心的な役割を果たす。職員の悩みや相談にも応じる。
- 医師や生活相談員と話し合い、緊急時対応マニュアル（オンコール体制）を作成する。

● 管理栄養士・栄養士

- 入所者の状態と嗜好に応じた食事を提供する。誤嚥などのリスクを理解しながら、食べる楽しみを長く味わえるように、家族や他の職種と協力・連携して食事環境を整える。
- 食事や水分の摂取量を把握し、チームメンバーに情報提供する。
- 付き添いの家族への食事提供。

● 機能訓練指導員

- 安楽な体位を工夫し、苦痛の緩和を図る。拘縮の状態に応じた体位、褥瘡や表皮剥離を防ぐ体位や体の動かし方を介護職員や家族に助言、指導する。
- 入所者の安楽に結びつく福祉用具の選定を行う。

● 介護職員

- きめ細やかな食事、排泄、清潔保持などのケアを提供し、安楽な体位を保つなど、入所者のQOLの維持・向上に努める。
- こまめに訪室し、心のこもった言葉かけや身体的ケアなど、コミュニケーションを通して精神的な苦痛の除去にも努める。
- 入所者の状態を観察し、記録する。入所者や家族のもっとも近くにいるスタッフとして、状態の変化に気を配り、看護職員など他の職種への情報提供や報告をタイミングよく行う。
- 家族のケアに関して中心的な役割を果たす。

● 事務職員

- 家族との連絡窓口として機能する。各職種の役割や動きを把握し、家族の問い合わせや事務的な連絡に対して的確に応じる。

看取りケアの技術

（ 介護職員が行える行為とは ）

喀痰吸引等研修を修了すると可能になるもの

喀痰吸引等研修は、「第1号研修」「第2号研修」「第3号研修」の3種類があり、修了後にできることが異なる。

		第1号研修	第2号研修	第3号研修
対象者		不特定の多数の利用者		特定の利用者※
実施可能な行為	喀痰吸引	口腔内・鼻腔内・気管カニューレ内部	第1号研修の対象のうち選択した任意の行為	口腔内・鼻腔内・気管カニューレ内部
	経管栄養	胃ろうまたは腸ろう・経鼻	第1号研修の対象のうち選択した任意の行為	胃ろうまたは腸ろう・経鼻

※筋萎縮性側索硬化症（ALS）またはこれに類似する神経・筋疾患、筋ジストロフィー、高位頚髄損傷、遷延性意識障害、重症心身障害などを患っている療養患者や障がい者

医行為にあたらないもの

①体温測定　②半自動血圧測定器による血圧測定
③新生児以外で入院治療の不要な者へのパルスオキシメータの装着および動脈血酸素濃度の確認
④軽微な切り傷、擦り傷、やけど等について専門的な判断や技術を必要としない処置（汚物で汚れたガーゼの交換を含む）
⑤軟膏の塗布（褥瘡の処置を除く）　⑥湿布の貼付　⑦点眼薬の点眼
⑧一包化された内用薬の内服（舌下錠の使用も含む）　⑨坐薬挿入
⑩鼻腔粘膜への薬剤噴霧の介助　⑪水虫や爪白癬に罹患した爪への軟膏又は外用液の塗布
⑫吸入薬の吸入及び分包された液剤の内服の介助　⑬爪切り、爪やすりによるやすりがけ
⑭口腔ケア、有床義歯（入れ歯）の着脱及び洗浄　⑮耳垢の除去（耳垢塞栓の除去を除く）
⑯ストマ装着のパウチにたまった排泄物の廃棄（肌に接着したパウチの取り替えを除く）
⑰自己導尿の補助　⑱市販のディスポーザブルグリセリン浣腸器を用いた浣腸
⑲インスリン投与の準備、片付け　⑳持続血糖測定器のセンサーの貼付と血糖値の確認
㉑経管栄養の準備、片付け　㉒経鼻胃管栄養チューブを固定するテープの貼り替え
㉓喀痰吸引の補助　㉔在宅酸素療法の補助
㉕膀胱留置カテーテルの蓄尿バッグからの尿廃棄、尿量および尿の色の確認、チューブを固定するテープの貼り替え、医師・看護師管理下での陰部洗浄　㉖とろみ食を含む食事の介助

PART 4

死後のケア

36
技術

心肺停止確認から死後の流れ

家族や医師にまず連絡する

　心肺停止状態を確認したら、家族が付き添っている場合はその場で、付き添っていなければ指定の方法で指定の家族に連絡します。医師または歯科医師による死亡診断がまだ行われていない場合は、「死亡した」「永眠した」「逝去した」などの言葉を使うのは適切でないので、「大変残念ですが、○○様の心肺停止状態を確認いたしました」などと伝えます。家族と連絡が取れないときは、留守番電話に「至急お伝えしたいことがあるので、施設にご連絡をください」などとメッセージを残しましょう。家族によっては電子メールなどでの連絡を希望することもあります。

　医師への連絡は、配置医との取り決めに従って行います。夜間の場合などは、医師の到着を家族に待ってもらうこともあるので、その場合は丁寧に説明して理解を得ましょう。

死亡診断書記入後の流れ

　医師は、到着したら死亡診断を行い、死亡診断書への必要事項の記入、家族への説明を行いますが、家族への説明は必須ではありません。そのため、家族が到着していなくても、死亡診断書記入後に医師は戻り、施設スタッフが説明を行うこともあります。その場合は、どのように説明すればよいか、医師から指示を受けておくとよいでしょう。

　死後の処置は、家族と入所者がゆっくりとお別れをしてから行います。看護職員や介護職員が死後の処置を行っている間に、生活相談員やケアマネジャーは、家族に遺体を自宅に引き取るか、葬儀業者の安置所で安置するのかを確認します。葬儀業者への連絡や手配も確認し、家族が決めていない場合は、複数の業者を紹介します。葬儀などについて不案内な家族の相談にも、適切に応じられるようにしておきましょう。

心肺停止後の流れ

STEP1　入所者の心肺停止確認

看護職員または複数の介護職員で確認

- 呼吸、脈拍、血圧測定不能
- 瞳孔散大、対光反射の消失

STEP2　家族・医師への連絡

電話、電子メールなど
（連絡方法、連絡先を確認しておく）

STEP3　医師による死亡診断と死亡診断書記入・死亡診断の説明

※家族到着前に医師が戻り、不在の場合には施設スタッフが説明

STEP4　死後の処置

- 死後の処置を始める前に、入所者と家族のお別れの時間を設ける
- 入所者の遺体を自宅に引き取るか、葬儀業者の安置所で安置するかを確認

STEP5　葬儀業者への連絡

- 葬儀会社が決まっていれば家族が行う
- 葬儀業者が到着するまでは、自室や施設の霊安室に安置

ココを押さえる！

関係各所への連絡や書類の準備、死後の処置などをすすめます。葬儀業者への連絡など、家族をサポートする体制もあらかじめ決めておきましょう。

37
技術

入所者の尊厳を最後まで守る
ご遺体に対する
マナーと家族ケア

生前と同じ態度で接する

死亡が確認され、ご遺体となったあとでも、入所者その人であることに変わりはありません。生前と同じように言葉をかけ、体を丁寧に扱うことが大切です。

家族を待つ間、なるべく一人きりにしないように配慮し、「○○さん、お疲れさまでした」「よく頑張りましたね。ゆっくり休んでください」などと、精一杯生ききったことをねぎらう言葉を積極的にかけましょう。また、寝衣や頭髪を整え、ベッドまわりも普段の環境整備と同じようにきれいにした状態で、家族がお別れをできるようにします。

入所者の尊厳を最後まで守ることは、ご遺体に対するマナーであると同時に、介護してきたスタッフの心を癒す行為でもあります。

家族にもねぎらいの言葉を

入所者とのお別れがすんだ頃に、家族にも一言ねぎらいの言葉をかけるようにしましょう。どのような言葉をかけるかは、スタッフの立場や年齢などにもよると思いますが、「ご家族の皆さまも本当にお疲れさまでした」「いろいろご苦労もあったかと思いますが、穏やかなお顔で旅立たれましたね」など、気持ちに寄り添う言葉を選びましょう。

死後の対応は、施設に対する印象に大きな影響を与えます。不快な思いをさせてしまうと、これまで行ってきた看取りケアに対する評価が下がりかねません。事務的になったり、雑な印象を与えたりしないように気をつけ、最後まで入所者の尊厳を守り、家族の気持ちを考えた接し方を心がけましょう。「最後まで丁寧だった」「ここまでしてくれた」と思ってもらえるようなケアを行うことが、家族の心を癒す助けとなり、施設として高い評価を得ることにもつながっていきます。

家族が入所者にお別れをする場面を整える

- 寝衣や頭髪を整える
- ベッドまわりをきれいに片付ける
- お別れのとき、スタッフはいったん席を外す

ご遺体への接し方

- 生前と同じように言葉をかける
- 精一杯生ききったことをねぎらう言葉をかける
- 体を丁寧に扱う
- 家族が到着するまで、できるだけ一人きりにしない

家族に対するケア

- 入所者と静かにお別れができる時間を設ける
- 家族にも一言ねぎらいの言葉をかける
- 死後の対応は手際よく、それでいて事務的にならないように心がける

PART4

死後のケア

ココを押さえる！

施設スタッフにとってもお別れになるので、厳かな気持ちで向き合いましょう。最後まで誠実に対応することが、家族の満足や施設の評価にもつながります。

時間とともに変化するご遺体

ご遺体の死後変化を理解しておく

 個人差はあるものの段階的に変化していく

　亡くなった後に起こる体の変化を「死後変化（死体現象）」といいます。死亡後比較的すぐにあらわれる「早期死後変化」と、腐敗が関与して起こる「晩期死後変化」があります。

　早期死後変化でまずあらわれるのは「死体温の低下」です。外気温や天候、着衣の状況などによって異なりますが、室温であれば死亡直後は1時間に0.5〜1℃前後低下していきます。死後1〜2時間ほどたつと、「死斑（皮下出血）」があらわれます。死斑は血流が止まったために起こる現象で、ご遺体の下側、仰臥位であれば背面に見られます。多くの場合は赤紫色をしています。

　骨格筋が硬くなる死後硬直（死体硬直）は、外気温の影響を受けるものの、20℃前後の環境では死後1〜3時間であごの関節から始まります。高齢者は一般的に死後硬直の進行が緩やかですが、3〜6時間で全身に及びます。関節の硬直は死後の処置にも関わることなので、意識しておくようにしましょう。

クーリングで細菌による腐敗を遅れさせる

　体内循環が停止して体表から水分が蒸発することによって、角膜、陰嚢、唇などで徐々に乾燥が目立ってきます。死後にひげや爪が伸びたように見えることがありますが、それも皮膚の乾燥によるものだと考えられています。また、死後1日くらいたつと角膜の混濁が始まり、2〜3日後には瞳孔が見えなくなるくらいに混濁が進みます。

　6時間後くらいから始まる晩期死後変化としては、消化液による臓器の融解（自家融解）、細菌による腐敗などが見られます。エンゼルケアではご遺体のクーリング（冷却）も行いますが、それは細菌による腐敗が進むのを遅れさせるためです。

死後変化の進み方

全身の変化

- 死体温の低下：1時間に0.5～1℃前後低下
- 蒼白化：死後30分ほどで皮膚が青白くなる
- 死斑（皮下出血）：死後1～2時間でご遺体の下側に出現
- 死後硬直（死体硬直）：死後1～3時間であごの関節から始まり、3～6時間で全身に及ぶ
- 乾燥：死後3時間～
- 腐敗：死後6時間～

褥瘡や蜂窩織炎のできている部位は細菌が多く、腐敗が早く進むため、早めに適切な処置（118ページ）を行う

■ 顔の変化

- 乾燥
  耳たぶ、鼻翼（小鼻）、唇、まぶた、額、頬、あごの先などが乾燥しやすい
- 顔の扁平化
  死亡直後から
- 角膜の混濁
  死後1日くらいから始まり、2～3日後には瞳孔が見えなくなるくらいに混濁

ココを押さえる！

心臓が停止し、体内循環が止まることによってさまざまな変化が起こります。死後変化について知っておくと、適切な死後の処置を行うことができます。

適切な方法を身につける

エンゼルケアの手順と方法

 家族の参加を促し、希望があれば一緒に行う

　死後の処置と死化粧のことをエンゼルケアといいます。ご遺体をきれいにし、身なりを整えてお化粧をします。初めて行うときは戸惑いもあるかもしれませんが、エンゼルケアでご遺体を美しく整えることには、家族ばかりでなくスタッフの心も癒すグリーフワーク（喪の作業）としての効果があります。

　エンゼルケアには家族も参加できますが、無理にすすめる必要はありません。「一緒になさいませんか」と声をかけ、その意思があれば家族の意向を聞きながら実施しましょう。家族が行いやすいのは、清拭や着替え、死化粧などですが、髪を洗ってあげたい、爪を切ってあげたいなどの希望があれば行えるように支援します。

 エンゼルケアも医学的根拠に基づいて行う

　エンゼルケアで最初に行うのは口腔ケアです。唾液の分泌がなくなると口腔内に細菌が繁殖しやすく、臭いの原因になる可能性があるためと、死後1時間ほどであごの関節に死後硬直があらわれ、口が開けにくくなるためです。義歯（入れ歯）を利用していた人は、口腔ケア後に義歯を装着します。

　体液の漏出を防ぐために、口や鼻、肛門などに綿花を詰める処置はほぼ行われなくなっています。体液の漏出は腐敗の進行により腹腔の内圧が上昇して起こるものなので、望ましいのは冷却（クーリング）です。病状により漏出の可能性がある場合は、粉末状の高分子吸収体を挿入する方法がとられています。その一方で、お顔の形を整えたり、鼻孔から臭気がもれたりするのを防ぐために綿花を使用することはあります。医学的な検証や製品の進歩によって、エンゼルケアも変わってきています。

エンゼルケアの基本を押さえよう

エンゼルケアの目的

- ご遺体の見た目を整える
- 感染を予防する
- 故人の人格や尊厳を守る
- 家族の満足度を高める

エンゼルケアの手順と方法

事前の確認

家族に対してこれから死後処置（エンゼルケア）を行うことを告げます。その際、一緒に行うか、自分では行わなくても立ち会うか、あるいは部屋の外で待つか聞きましょう

用意するもの

- 着替え用の衣類
- おむつや尿取りパッド
- 化粧道具
- ひげ剃りセット
- くし
- 爪切り
- ディスポーザブル手袋
- マスク
- 防水シート
- 洗面器
- 清拭用タオル
- お湯
- 消毒薬（0.5%次亜塩素酸ナトリウム液）
- ビニール袋
- 冷却剤　など

※頭髪の汚れが気になるときは、
　ドライシャンプーなど洗髪の物品も用意します

死後の処置（エンゼルケア）は看護職の仕事と捉えられがちですが、介護職でも行うことができます。入所者への最後のケアとして、心を込めて行うことが大切です。特別な配慮が必要な場合もあります。介護職がどこまで関わるかは、それぞれの施設によって異なる場合もあります

ココを押さえる！

エンゼルケアは入所者に行う最後のケアです。また、スタッフの心を癒すグリーフワークとしての効果もあります。

手順

※介護職員がエンゼルケアにどこまで関わるかは、それぞれの施設によって異なる場合があります。

STEP1　マスクとディスポーザブル手袋を着け、合掌し、ご遺体に「これからエンゼルケアを行いますね」などと言葉をかける

STEP2　口腔ケアを行う
通常の口腔ケアを行ったのち、消毒液などで口腔内をやさしく拭く。あごの関節が拘縮する前（死後1時間以内）に行うようにする

STEP3　ご遺体につけられたものがあれば取り外す（膀胱留置カテーテルなど）

STEP4　胃の内容物を出す
体を、右側を下に横向きにし、口を開いてから膿盆を頬に当て、上腹部を押す

STEP5　尿の排出
体を仰向けにして紙おむつを当て、下腹部（恥骨の上部）を押す

STEP6 便の排出
腹部を「の」の字を描くように圧迫し、その後、体の左側が下になるよう横向きにし、左下腹部を押す

STEP6

STEP7 清拭
タオルをお湯につけて絞り、お顔を拭く。両手→胸部→腹部→背部→両足の順に拭き、最後に陰部を拭く

STEP8 冷却剤で冷却する
※冷蔵庫のある霊安室に安置できる場合は不要

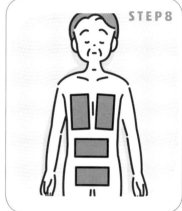

STEP8

STEP9 衣類を着せる
着物や浴衣など和服の場合は、襟を左前に合わせる

STEP10 身だしなみを整える
・くしで頭髪を整え、ひげ剃りや爪切りを行う
・体を自然な形に整え、両手をお腹の上に重ねる
・鼻の奥に綿花を詰め、鼻の形を整える
・死化粧を行う

STEP9

STEP11 ご遺体を霊安室へ移し、安置する

特別な配慮が必要なエンゼルケア

ご遺体によっては、エンゼルケアの際に特別な配慮が必要な場合もあります。細菌の増殖をできるだけ抑え、悪臭や家族などへの感染を防ぐためにも適切な処置を行いましょう。

●褥瘡

褥瘡のある部分には防水テープを貼る。空気を抜きながらしっかり貼り、おむつを当てる。重症の褥瘡の場合は、脱脂綿を硬く丸めたものを作って褥瘡の穴を埋め、防水シートで覆う。防水シートは四方をテープでとめ、浸出液がもれないようにする。

●胃ろう

チューブの蓋をしっかり閉じ、チューブを丸めてテープで固定する。挿入部に浸出液がある場合は消毒し、ガーゼを当てる。その部分を防水シートで覆い、四方をテープでとめる。

●人工肛門（ストマ）

開口部を清拭して、パウチ（蓄便袋）を新しいものに変える。

●傷や壊死がある場合

細菌が繁殖して悪臭を放つのを防いだり、感染を予防したりするために、傷や壊死のある部分を消毒し、防水テープや防水シートで覆う。

●点滴の刺入部位

針を抜いたところから出血することもあるので、防水テープを貼る。中心静脈栄養の場合は、カテーテルを抜かずにカットして栓をし、ガーゼなどで覆う（施設のマニュアルに従う）。

●膀胱留置カテーテルの抜去

固定のためのバルン部分に入っている水を注射器で抜き、膀胱留置カテーテルを抜く。抜去後はおむつや尿パッドを当てておくと安心。

こんなときどうする？　エンゼルケアのトラブル対処術

目が閉じない

目が閉じない原因は、ほとんどの場合乾燥。アルコールを含まない保湿クリームをまぶたに塗り、まぶたを閉じるようにしてやさしくマッサージすると、まぶたが保湿されてのびるため、目を閉じやすくなる。

口が閉じない

枕を高めにして、あごの下に丸めたタオルを入れる。死後硬直によって口が開かなくなったら、タオルを取り外す。

鼻や耳から出血や体液の漏出がある

出血や体液の漏出があると家族がショックを受け、また悪臭の原因になるので、綿花を詰めて防ぐ。鼻の場合は、粉末状の高分子吸収体を挿入する方法も有効。

皮膚が乾燥してファンデーションがうまくのらない

清拭後に、アルコールを含まない保湿クリームを塗り、やさしくマッサージする。皮膚が保湿されると、死化粧も浮かない。保湿後にうぶ毛やひげを剃り、さらに保湿してからお化粧を行うと見た目がよく長持ちする。

頬がこけてやつれて見える

口の中の頬の部分にうまく脱脂綿を詰め、お顔の形を自然に整える。

義歯がずれてしまう

入れ歯安定剤を使用する。歯茎の痩せてしまっている部分には、脱脂綿などを入れてバランスをとるとよい。義歯を入れることで顔つきが不自然になる場合は、無理に義歯を入れる必要はない。

歯の欠損がある

歯の隙間に合わせて脱脂綿を丸めて入れる。

40 技術 家族に対するグリーフケア

 精神面、身体面、社会面にあらわれる悲しみ

「グリーフ」は、一般的に「悲嘆」と日本語に訳されますが、より正確にいうと、「喪失体験によって一身上にあらわれる、あらゆる〝反応〟」のことです。その〝反応〟は、精神面だけでなく、身体面や社会面に広くあらわれます。精神面では集中力の低下やパニック、怒り、混乱、悪夢など、身体面では動悸やめまい、息切れ、食欲の低下、吐き気、下痢や便秘などが代表的です。また、仕事への意欲が低下したり、人と接するのがつらくなったりして、社会生活に支障を来すこともあります。

　知っておきたいのは、大切な人を失った悲しみによってあらわれる反応は人それぞれだということと、適切なケアを行うことによって、悲嘆から立ち直ることは可能だということです。

 家族が悲嘆から立ち直るのを支えるケア

　喪失の体験をした人も、いずれは新しい生活をつくり、それに慣れていかなくてはなりません。思い出すとつらいから忘れようとしたり、考えないようにしたりして、悲しみに蓋をしてしまうと、かえって現実に向き合うことが難しくなることもあります。話したいときに話す相手がいたり、故人の思い出話を一緒にできる人が近くにいたりすることは、立ち直るための大きな助けになります。晩年の故人の日常をもっともよく知っているスタッフは、家族のよき話し相手の一人であるということを理解しておきましょう。

　家族とスタッフが一堂に会して看取り介護を振り返るデスカンファレンスは、そのためのよい機会でもあります。家族が思いを語りやすい雰囲気をつくり、スタッフもできるだけ率直に話すようにして思いを共有しましょう。

家族が悲嘆から立ち直るケアを

グリーフ（悲嘆） とは	→	喪失体験によって一身上にあらわれる あらゆる〝反応〟のこと

■ 〝反応〟はさまざまな形であらわれる

精神面		身体面		社会面
パニック	混乱	動悸	めまい	人と接するのがつらい
悪夢	集中力の低下	息切れ	下痢	仕事への意欲低下
怒り	など	吐き気	食欲の低下	など
		便秘	など	

グリーフケア とは	→	グリーフの渦中にある人に寄り添い、 グリーフワーク※を支援すること

※大切な人を失った悲嘆からの立ち直りのプロセスを「グリーフワーク」いう。
立ち直りのプロセスは自然に始まるとされ、月単位、年単位の時間をかけて進む

ココを押さえる！

人には悲嘆から立ち直る力があり、それを支援するのがグリーフケアです。家族の気持ちに寄り添い、話し相手になることも大きな助けになります。

〔 入所者のグリーフケア 〕

亡くなった人と同じ場所で生活を共にした他の入所者の喪失体験に寄り添うことも、施設の大切な役割です。死を隠すよりも、受け止めるためのサポートをした方が自然であり、悲しみや不安からの立ち直りを促すうえでも有効です。

例えば、家族がご遺体を引き取る前にお別れの会（134ページ）を催したり、玄関でお見送りをしたり、お盆などに慰霊祭を行ったりすることによって、残された入所者は死後のイメージを具体化できます。自分のときも同じようにみんなが悼んでくれるのだということがわかると、孤独感や不安が和らぎ、死生観にもよい影響を与えます。とくに、生前親しくしていた入所者にお別れの機会を提供することは、大切な配慮です。

一方で、「死」を過剰に意識することで、かえって入所者に精神的な負担を強いる可能性のあることを指摘する声もあるので、入所者一人ひとりの様子をよく観察し、個々に対応しましょう。

いずれにせよ、死を忌み嫌うのではなくこの世からの旅立ちと捉え、最後まで入所者を大切に扱うという姿勢を明確に示すことが求められます。

PART 5

自宅における看取り

41
在宅

自宅での看取りの現状

🏷 自宅での看取りを希望する人は多い

　自宅で亡くなる人の割合は、2021年の「人口動態統計」（厚生労働省）によると17.2%です。しかし、厚生労働省の調査では、40%以上の人が自宅で過ごしたいと回答し、「住み慣れた場所で最期を迎えたいから」などが理由の上位にあがっています。一方、自宅以外を選択した人にその理由を尋ねると、「介護してくれる家族等に負担がかかるから」と回答した人が最も多く、74.6%でした。

　「住み慣れた自宅で最期を迎えたい」という願いをかなえるために構築されているのが「地域包括ケアシステム」です。在宅介護にはさまざまな課題がありますが、地域包括ケアにより住まい・医療・介護・予防・生活支援が一体的に提供され、高齢者のみの世帯や一人暮らしの人でも自宅で最期を迎えることが可能になると期待されています。地域の老人クラブや自治会、ボランティアなどもそこに含まれます。

🏷 「地域包括ケア」の推進は、地域住民の理解と参加が鍵

　自宅での看取りにおけるいちばんの課題は、介護する家族の身体的・精神的負担です。また、緊急時の対応に限界があることや、現状では一人暮らしの場合は困難であることも、自宅での看取りがなかなか増えない理由だと考えられています。

　しかし、自宅で看取ることには、住み慣れた自宅で過ごすことによって最後まで自分らしい普段の生活ができ、本人の満足感が高まるという、何ものにも代え難いメリットがあります。家族も、残された時間をともに過ごし、故人の希望をかなえられたことに大きな満足を感じ、多くの場合は「自宅で介護し、看取ってよかった」と感じるようです。

自宅での介護、看取りの希望

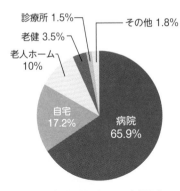

診療所 1.5%
老健 3.5%
老人ホーム 10%
その他 1.8%
自宅 17.2%
病院 65.9%

日本人の現在の死亡場所

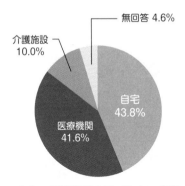

無回答 4.6%
介護施設 10.0%
自宅 43.8%
医療機関 41.6%

人生の最終段階を過ごしたい場所

出典：厚生労働省「令和3年人口動態計」、「令和4年度 人生の最終段階における医療・ケアに関する意識調査報告書」(https://www.mhlw.go.jp/toukei/list/dl/-saisyuiryo_a_r04.pdf) より作成

◼ 自宅以外で最期を迎えることを選択した理由（複数回答）

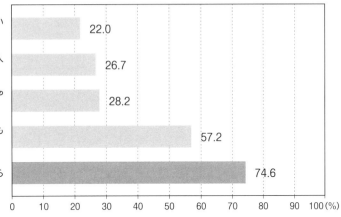

項目	値
訪問してくれるかかりつけの医師がいないから	22.0
症状が急に悪くなったときにすぐ病院に入院できるか不安だから	26.7
症状が急に悪くなったときにすぐに医師や看護師の訪問が受けられるか不安だから	28.2
症状が急に悪くなったときの対応に自分も家族等も不安だから	57.2
介護してくれる家族等に負担がかかるから	74.6

出典：厚生労働省「令和4年度人生の最終段階における医療・ケアに関する意識調査報告書」をもとに著者作成 (https://www.mhlw.go.jp/toukei/list/saisyuiryo_a.html)

ココを押さえる！

自宅での看取りでは最後まで自分らしい生活ができますが、家族の負担が課題となります。地域全体で支え合う仕組みづくりの進展が期待されています。

自宅における看取り

多機関・多職種が連携

自宅での看取りの実際

 訪問看護の利用者が増えている

　自宅での看取りを支えるのは、地域医療・介護連携という多機関・多職種が協働する仕組みです。訪問診療を行う病院・診療所、訪問看護ステーション、調剤薬局、介護事業所などのほか、地域包括支援センター、医療機器メーカーや福祉用具取扱店などが一つのチームとなり、在宅療養者と家族を支援・援助します。このような地域医療・介護連携を、さらに発展させたものが「地域包括ケアシステム」です。地域医療・介護連携において、とくに大きな役割を果たすのが訪問看護ステーションであり訪問看護師です。訪問介護では看取り介護加算が発生しないので、自宅での看取り期のケアは、訪問看護師が中心となることも多いです。訪問看護の利用者数は年々増加しており、在宅療養のニーズが高まっていることがわかります。

 かかりつけ医や訪問看護師が定期的に訪問し、緊急時も対応

　最期のときが近づいていることを説明するのは、一般的に医師です。医師はかかりつけ医として定期的に訪問診療した際、今の状態や見通しなどを家族に説明し、その内容を各機関・各職種が共有します。緊急時は、かかりつけ医や訪問看護師がオンコール体制で対応します。まず訪問看護師が対応し、訪問看護師がかかりつけ医に連絡するのか、先にかかりつけ医が対応するのかは、かかりつけ医や訪問看護ステーションの方針によって異なります。施設と同じく、緊急時の連絡先や連絡方法を事前にきちんと決め、家族やヘルパーなどに伝えておくことが重要です。医師が臨終の場に立ち会う必要がないことは施設と同様で、心肺停止した時間を家族やヘルパー、訪問看護師などが控えておき、医師が死亡診断を行います。

多機関・多職種が一つのチームとなり支援

地域医療・介護連携のイメージ

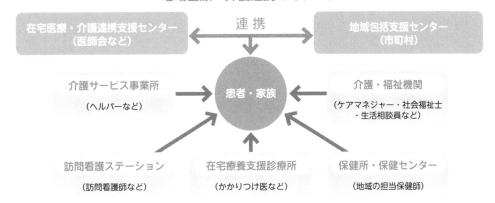

▌要介護度別訪問看護利用者数の推移

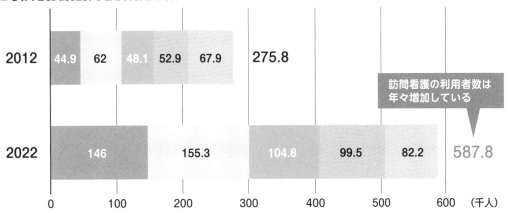

出典：厚生労働省「社会保障審議会 介護給付費分科会（第220回）資料3」をもとに著者作成（https://www.mhlw.go.jp/content/1230000 00/001123919.pdf）

ココを押さえる！

自宅での看取りは、かかりつけ医と訪問看護師を中心とした、多機関・多職種による地域医療・介護連携で成り立っています。

在宅医療・介護でも重要

自宅で看取りを行う家族の支援

丁寧に対応することで家族と信頼関係を築く

　自宅での看取りは、前述したように家族の心身に負担をかけます。まず自宅で看取ることを決断するまでに大きな葛藤があり、それを乗り越えて心を決めてからも、「本当にこれでよいのか」という迷いや、「何かあったらどうすればよいのだろう」という不安が完全に消えることはなく、多くの家族の心は揺れ動きます。また、介護による身体的な負担も大きいため、家族は心身に疲労を蓄積させていきます。

　そのようなときに支えとなるのが、医療職や介護職の存在です。家族が話しやすい雰囲気を日頃からつくり、「今いちばん困っていることは何ですか」「○○さんご自身のことでもいいので、遠慮なく相談してください」などと声をかけ、一つひとつ丁寧に対応していきます。また、帰りがけに玄関先で話を聞くなど、療養者への配慮も心がけます。

看取りを成し遂げたという満足感が持てるように支援

　家族にとって何よりの安心は、療養者の状態が変わったときに連絡・相談できる場所があることです。そのため、在宅療養支援診療所および強化型在宅療養支援診療所や強化型訪問看護ステーションといった、24時間365日対応可能な機関の整備が進んでいます。

　下顎呼吸の出現など、療養者の状態が変化してから看取り、エンゼルケアまでの流れは施設と大きく変わりません。その間、家族と療養者の側にいる医療職・介護職は、家族が療養者とゆっくりお別れができるように配慮し、はげましやねぎらいの言葉をかけます。グリーフケアも同じように行います。在宅療養や看取りを通して家族と医療職・介護職の間に一体感が生まれていると、家族は自分たちで看取ったことに大きな満足を感じやすく、また医療職・介護職の満足感ややりがいにもつながります。

自宅で看取る家族のケア

家族が安心して介護できるようにする

● 療養者の状態が変わったときの連絡・相談先を明記する
● 訪問時に困っていることや不安に思っていることを聞き、丁寧に対応する
● はげましやねぎらいの言葉をかける
● 医療職、介護職などで情報を共有し、一貫した方針・態度で接する

家族が療養者のためにできるケアを促す

● 手足など体をやさしくマッサージするなど、スキンシップをする
● 好きな音楽をかける
● アロマオイルなどで部屋をよい香りにする
● 家族が療養者のそばで過ごしたり、いつも通り話しかけたりする
● 入浴、清拭、部分浴、更衣、排泄の介助などを行う
● 水や好きな飲み物で唇を湿らせる

▮ 訪問医療・介護のメリットとデメリット

メリット	デメリット
●療養者が住み慣れた環境で療養できる	●家族の負担が大きくなる
●自分らしい普段の生活ができる	●一人暮らしの人は困難な場合もある
●食欲の回復、不眠の改善などにつながることがある	●緊急時の対応に限界がある
●費用が低く抑えられる場合もある	

ココを押さえる！

家族の不安や心身の疲労を察し、ねぎらいの言葉をかけましょう。自宅で介護を続ける家族のQOL向上がよい看取りにつながります。

穏やかな最期を迎えるために
救急車を
呼ばないという選択

救急車を呼ぶことの意味

　自宅で看取ると決めていても、療養者の状態の変化に動転した家族が、救急車を呼んでしまうことは少なくありません。救急車を呼ぶということは、「できる限りの救命処置を行う」ことを目的とした医療行為に直結し、心臓が止まっていれば心臓マッサージ（胸骨圧迫）や電気的除細動を行い、呼吸が止まっていれば人工呼吸器を装着するという救命処置が行われます（家族の意向を確認することもあります）。点滴や膀胱留置カテーテルも入り、心電図モニターなどにつながれた、いわゆるスパゲティ症候群状態になることが多いのです。いったんこの状態になると、機器類を外すのは倫理的に困難なので、再び心臓が止まるまで何日も、ときにはそれ以上過ごすことにもなります。

　そのような事態を避けたいというのも、自宅での看取りを決めた理由の一つであるはずですが、救急車を呼ぶと自然に穏やかに看取ることは難しくなってしまいます。

救急車を呼んでしまわないための備え

　自宅で看取るという選択は、臨終に向かう状態変化を静かに見守るという意味です。その選択を全うするために大切なことは、家族の中で十分に話し合い、自宅での看取りを支える医療・介護スタッフとも話し合って合意しておくこと。そのためには、臨終時にあらわれる状態変化の情報に加え、高齢者は予期しないときに状態が急に変わり、そのまま死亡することがあることや、救急車を呼ぶことの意味を家族に伝えて理解してもらうことが不可欠です。状態が変化したら、まずどこに連絡するのか（かかりつけ医、訪問看護ステーションなど）も決めておき、連絡先をわかりやすい場所に連絡先を明記しておくようにします。

救急車を呼ばない選択をした家族のために

STEP1　自宅で看取ることを選択した家族に伝えておくこと

● 臨終時にあらわれる状態変化は、自然な変化である
● 高齢者は予期しないときに状態が急に変わり、そのまま死亡することがある
● 救急車を呼ぶことは、できる限り延命処置をしてほしいという意思表示になる
● 状態が変化したときの連絡場所（かかりつけ医や訪問看護ステーションのオンコール電話など）

STEP2　「看取りケア計画書」に「救急搬送しない」と明記する

家族、医療職、介護職など関係者の話し合い内容を記録に残し、看取りケア計画書に「救急搬送しない」という文言を明記。関係者全員で共有する

> 家族がどうしても病院に連れて行きたいと希望したら……

かかりつけ医などが、そのようなときのために近隣の理解ある病院と連携し、療養者の搬送先としてもらうなどの対応をしている場合もある。また、かかりつけ医が所属する医療機関にベッドがある場合は、そこに搬送するようにしていることもある

ココを押さえる！

延命治療を望まない場合に救急車を呼ぶとトラブルの原因になります。自宅での看取りでは、基本的に状態変化時はかかりつけ医か訪問看護師に連絡します。

意外と多い 死亡時の手続き

 死亡診断書など提出しなければならない書類は多い

　人が亡くなったあとに行わなければならない手続きは、意外とたくさんあります。まず、医師から「死亡診断書」を受け取ったら、「死亡届」および「死体火葬（埋葬）許可申請書」と一緒に、市区町村役場に提出しなければなりません。提出の期限は、届出人が死亡を知った日から7日以内なので、看取りを行った家族などであれば、死亡日から7日以内ということになります。

　年金を受け取っていた人なら、年金受給を停止するために「年金受給権者死亡届」を、厚生年金の場合は10日以内、国民年金の場合は14日以内に提出します。また、健康保険証、介護保険証の返却・資格喪失届も必要です。国民健康保険の場合はいずれも市区町村役場に届け出ます。

 葬儀の準備は親戚など周囲のサポートがあれば理想

　葬儀をどのように行うか、あるいは葬儀を行わないかは、各家庭の信仰や考え方により異なります。葬儀を行う場合も、葬儀業者に依頼する、寺院や教会、互助会で行うなど、さまざまな選択肢があります。特定の宗教を持っていたり、互助会に加入していたりする場合は、それらの組織のサポートを得ることができるでしょう。

　もっとも多いのは葬儀業者に依頼するという選択ですが、一般の人は葬儀に関する知識をほとんど持っていないうえ、介護や看取りに精一杯で時間的な余裕がなく、また大切な人を失い精神的にも余裕のない中、葬儀業者を探し、葬儀の内容を考え、交渉するのは大変な負担です。療養者の介護を中心的に担う家族のほかに、事務的なことを行える家族、親戚などが側にいることが理想といえるでしょう。

死亡直後に行う主な手続き

手続きの内容・文書名	期限（届出人が死亡を知った日から）	届出先	備考
死亡診断書	7日以内	市区町村役場	死亡届、死体火葬（埋葬）許可申請書と同時に提出
死亡届			届出人の印鑑が必要 葬儀業者による代行も可能
死体火葬（埋葬）許可申請書			申請するとすぐに火葬許可証が交付される（火葬後に証印を受けることで、自動的に埋葬許可書となる）
年金受給権者死亡届（年金の受給を停止する）	厚生年金：10日以内 国民年金：14日以内	厚生年金：年金事務所 国民年金：市区町村役場、年金事務所	未支給年金（生計を同一にしていた遺族が取得できる年金）は、厚生年金は10日以内、国民年金は14日以内に請求する
世帯主変更届	14日以内	市区町村役場	世帯主が死亡した場合のみ提出
国民（後期高齢者）健康保険証、介護保険証の返却・資格喪失届			健康保険証返却・資格喪失届は、健康保険組合・協会けんぽの場合、勤務先・健康保険組合・協会けんぽに届け出る

施設スタッフも死亡後の手続きを知っておくと、家族に聞かれたときにきちんと答えることができます

ココを押さえる！

死亡後に家族や親族がすぐに行わなければならない手続きは意外と多いので、看取りにかかわるスタッフとして基本的な知識は持っておきましょう。

自宅における看取り

〔 施設での「お別れの会」 〕

　病院で亡くなると、ほかの患者さんや家族の目になるべく触れないように霊安室に運ばれ、ほとんどの場合、裏口からのお見送りとなります。これは、病気を治療する病院という場所では、死は敗北であり、治すことを目的に入院している人にとっては、どうしても「縁起の悪いもの」だからでしょう。

　しかし、施設や自宅での看取りは全く異なります。人生を全うしたことに敬意をあらわし、心からの慰労と感謝を伝えることが、その人の最期に寄り添った施設スタッフの務めです。そのような意識で催される「お別れの会」は、死が誰にでも訪れる人生の最終ゴールであり、看取りはそれを見届ける尊いもので、決して縁起の悪いものではないことを、入所者にも印象づけることになるでしょう。

　お別れの会は、故人や家族の意向を確認したのち、ほかの入所者もその意思があればぜひ参加してもらいましょう。一緒に過ごした人が最後のお別れをしたいと思うのは自然な感情であり、残された人たちへのグリーフケアにもなります。

「お別れの会」の進め方の例
❶ 家族、入所者、職員着席
❷ 開会の言葉　❸ 黙祷
❹ お別れの言葉（職員・家族）
❺ 献花
❻ お棺への花入れ（ベッドの周りにお花を置く）
❼ 家族のあいさつ
❽ 閉会の言葉
❾ お見送り

PART 6

スタッフの教育とケア

職員の不安を軽減するために

職員教育を行う重要性

 教育が不安を軽減し、ケアの質を向上させる

大半の人が病院で最期を迎えている現代の日本では、人の死を間近に見る機会はとても少なくなっています。その一方で、今までのように終末期を病院で過ごすことは国の制度上難しくなり、看取りの場は自宅や施設に移行しつつあります。自宅での看取りが横ばいで推移する中、施設で亡くなる人は増加しており、今後はその傾向がさらに強まると考えられています。つまり、高齢者施設に勤務する介護職が看取りの担い手となっていくわけですが、その多くは看取りの経験がなく、入所者のケアとしてはじめて人の死に立ち会います。戸惑いや不安を感じるのは当然であり、そのままでは看取りはただ負担の大きいケアでしかなくなります。

看取りケアの正しい知識や技術を身につけることには、不安の軽減という効果もあります。また、看取りケアの意義やケアに向かう姿勢を学び、死生観を養うことによって旅立つ人の尊厳への理解が増し、心からのケアを提供する土壌を培うことにもつながります。

看取りケアを運営・管理する委員会を設置する

看取りケアは多職種の協働なしには実施できません。また、施設としての方針を定めて各職種で共有するために、そして職員に体系的な教育を提供するためにも委員会を設置することが望ましいとされています。委員会の設置は、あくまでも看取りケアを適切に運営するための手法の一つであり、義務ではありません。しかし、制度の改正、世情や入所者・家族のニーズの変化にいち早く対応し、体制の見直しや運営方針の修正を適切に行うためにも、委員会という組織は必要でしょう。

統括責任者である施設長が委員長に就き、各部署の責任者で構成するのが一般的です。

職員の看取りケア教育

看取りケア教育の目的

- 職員が「人の死」についての正しい知識を理解する
- 職員が看取りケアの知識や技術を体得する
- 職員が「人の死」に対する姿勢を身につける
- 職員の死生観を醸成する
- 施設として一致した方針で看取りケアを提供する

看取りケア委員会の設置

委員会の設置目的
- 入所者一人ひとりにふさわしい最期が迎えられるように、組織における看取りケアを運営する
- 看取ることを最終目的とせず、看取り後に振り返り、そこから得られた教訓をよりよい看取りケアに生かす

役割
- 各職種の専門性を、「尊重する」「生かす」「補う」「まとめる」ための仕組みを整え、その仕組みを施設全体に発信して看取りケアを発展させる

活動内容
- 事業計画書、事業報告書の作成
- 書類の管理
- 情報の共有と把握
- 事例の考察
- 内部研修会の開催
- 看取りケアにかかわった家族に対するアンケート調査
- 家族説明会
- 外部に向けた実践内容の発表

ココを押さえる！

知識や技術だけでなく、看取りに向き合う姿勢や死生観を培います。体系的な教育とその評価を行うためにも委員会を設置することが望ましいでしょう。

「看取り介護に関する指針」が根幹

職員教育のポイントと教育プログラム

職員教育の方針や体制を「指針」に明記

「看取り介護に関する指針」（40ページ）は、その施設における看取り介護の実施体制を明文化したものです。指針には「看取り介護に関する施設内教育」を盛り込み、職員に対する教育体制を内外に示すことが看取り介護加算算定の必須条件となっています。

「看取り介護に関する指針」には、高齢者の死に対する考え方、生活の場である施設で看取りケアを行うことの意味、最後まで個の人生観を尊重する介護の大切さなどの倫理的な側面が、施設の理念、風土、体制などの運営指針や所在する土地の地域性を踏まえて示されています。

それらを共有するために、体系的な教育が必要であり、教育効果を十分に発揮するためには、職員の不安や心身の負担を考慮した指針を作成しなければなりません。

段階的に学べるプログラムを作成する

看取りケアの教育は、基礎編、実践編、応用編と段階的に行います。例えば、基礎編は「看取り介護に関する指針」の理解、死生観教育、記録の重要性など、実践編は看取り介護開始から終了までの経過、専門性の理解と多職種連携、死亡時の行動マニュアルなど、応用編はエンゼルケアの意味と手技、終末期における心身の変化と観察のポイントなどを学ぶプログラムを作成します。介護職員は、看取りケアにおいて中心的な役割を担い、入所者と家族に最も近い立場にありますが、医療専門職に比べて「人の死」に接する機会が圧倒的に少ないのが現状です。そこで死生観の育成、死に向かう際の状態変化の理解、認知症の理解、看取りケアの技術、死にゆく入所者や家族、他職種とのコミュニケーションの取り方などを十分に学べるように配慮します。

看取りケア教育プログラムの例

段階	プログラム	内容
基礎	「看取り介護に関する指針」の理解	施設が組織として入所者の終末期にどう向き合い、どのような看取りケアを提供しているのかを示した指針を共有し、理解する
基礎	死生観教育	若年層には、死に対して漠然と抱いている恐怖心のような負の固定概念を自覚してもらうことから始め、看取りケアの振り返りを重ねることで、自分なりの死生観を養う
基礎	記録の重要性	状態が不安定な入所者に対して、統一された意識で漏れのない詳細な記録が求められることを理解する
実践	看取りケア開始から終了までの経過	入所者や家族に対する連絡や面談の順序と、その場面で各専門職が行う具体的な行動を学ぶ
実践	専門性の理解と職種間連携	各職種の専門性と看取りケア場面での具体的な役割、その役割を果たすために多職種での連携が重要であることを学ぶ
実践	死亡時の行動マニュアル	看護師が不在である夜間に、入所者の呼吸や心肺停止が確認された場合に、介護職員が処置しなければならないことと、その際の具体的な行動を学ぶ
実践	書類の作成と管理	看取りケア計画の書式と作成方法を学び、入所者の状態に合わせて計画を更新する必要があることを理解する
実践	デスカンファレンスの重要性	デスカンファレンスまでが看取りケアであることを学ぶ。入所者の死から学んだことを共有して死生観を養うことが成長になることを理解する
応用	エンゼルケアの意味と手技	エンゼルケアの意味と手技を学ぶ。家族やスタッフが一緒に過ごした時間を偲びながら、心の整理をする貴重な機会であることを理解する
応用	看取りケアにおける日常的なアセスメントの重要性	終末期を日常生活の延長線上にあるものと捉え、特別視せず、日頃からのかかわりを大切にする姿勢でアセスメントする大切さを学ぶ
応用	終末期における心身の変化と観察のポイント	終末期における高齢者の心身の変化と、その変化に対する観察のポイントを学ぶ。また、終末期の変化は個々で異なり、誰一人として同じ経過をたどることはないという事実を理解する
応用	終末期における家族とのかかわり方	親や配偶者が終末期であることを告げられた家族は、気持ちの揺らぎが大きくなることを理解する
応用	臨終時のあいさつと姿勢	臨終時に家族と交わす会話での留意点とあいさつの仕方、施設から故人を送り出す際のあいさつの仕方などを学ぶ

ココを押さえる！

「人の死」に接する機会の少ない介護職員への教育はきめ細かく行いましょう。「看取り介護に関する指針」に沿ってプログラムを作成します。

48
教育

定期的な研修（勉強会）の実施

テーマを検討し、年間計画に従って実施

　看取りケアに関する職員研修（勉強会）は、「看取り介護に関する指針」に基づく教育プログラムに沿って、計画的に行います。月1回、30〜45分程度を目安に、スタッフが参加しやすいよう、できれば業務時間内に実施します。また、同じテーマで複数回実施し、スタッフ全員が参加できるように配慮することも大切です。

　研修テーマは、スタッフの意見を取り入れながら看取りケア委員会などで検討します。「終末期の身体変化」「緊急時の対応」「臨終後のケア」「法令遵守と基準」など、できるだけ具体的なテーマを挙げ、スタッフの参加意欲を高めましょう。終了後にアンケート調査を行い、看取りケアへの不安や死に対する恐怖がどのように変化したか、研修内容に満足できたかなどを確認しながら進め、満足度の高い研修へと結びつけていきます。

知識・技術の体得に加え死生観も育成

　講師は、施設の配置医や看護師、生活相談員、ケアマネジャー、管理者などが持ち回りで担当し、テーマに応じて外部から招くなど、変化をつけるとスタッフの関心をもってもらいやすいかもしれません。また、単なる講義形式よりも、グループワークやスーパービジョンといった技法を取り入れた方が、研修の効果が上がると考えられます。

　研修の目的は、看取りケアの知識や技術の体得に加え、スタッフ一人ひとりの「死生観」を養うことにあります。死生観とは、文字通り生と死に対する見方のことで、人の生死や看取りに対する考え方の基盤となるものです。命あるものがやがて死を迎えることは避けられません。それぞれが死生観を養うことによって、入所者や家族から死に関する話題を切り出されても、回避せずに向き合うことができるようになります。

効果的な職員研修にするために

職員研修のポイント

- 実施回数分のテーマを看取りケア委員会などで決め、計画的に行う
- 研修テーマは具体的・実践的なものにする
- 同じテーマの研修を複数回実施し、全スタッフが参加できるようにする
- グループワークやスーパービジョンといった技法を取り入れる
- 終了後にアンケートを実施し、満足度の高い研修につなげる

グループワーク

参加者を数人のグループに分け、テーマに沿って共同で作業させる。討論を経て形になったものを発表するところまで行う点が、グループディスカッションと異なる

スーパービジョン

介護職や医療職など対人援助を行う職種の人（スーパーバイジー）が、指導者（スーパーバイザー）から教育を受ける過程のこと。指導者が援助職者と規則的に面接を行い、継続的な訓練を通じて専門的スキルを向上させることを目的に行う

スタッフが講師を務めるメリット
研修の講師を務めることにより、講師役のスタッフの学習や成長を促す効果もあります

ココを押さえる！

スタッフに対し、定期的な研修（勉強会）を行うことは不可欠です。計画的に行うことで、スタッフの成長を促すことができます。

スタッフの教育とケア

49
教育

入所者の死後に行う

デスカンファレンスの開催

お互いの考えや意見を聞くことで成長できる

デスカンファレンス（死後の会議）は病院の緩和ケア病棟などで行われ始め、その後、看取りケアを行う在宅医療・介護の場や高齢者施設などでも取り入れられるようになりました。看取りケアを振り返り、ケアが妥当だったかを検証するとともに、スタッフの燃え尽き症候群を予防することがその目的です。

看取りケアは身体的にも精神的にも負担が重いことは確かで、強い無力感や虚無感を抱いたスタッフが現場を離れてしまうこともありますが、デスカンファレンスにはそれを防ぐ効果があるのです。他のスタッフの考えや意見を聞くことによって、生や死、看取りケアに対する考えを深め、それを次の看取りケアや日常のケアに生かせるようになるからです。体験や思いを共有することは、チーム力の向上にもつながります。

家族の率直な評価を聞く

デスカンファレンスを実施する時期は、入所者の死後1か月以内がよいとされています。できれば家族にも参加してもらい、その場合は、遺留品の引き渡しなどの手続きで施設を訪れるタイミングで実施します。看取りケアに対するアンケート調査も行い、家族が看取りケアをどのように受け止め、評価したかを文書で確認することも必要です。家族の意見や感想には厳しいものも含まれる可能性がある一方、改めて感謝の言葉を受け取ることもあります。家族と率直に話し合うことにより気づかされることは多く、豊かな死生観を醸成することにもつながります。

また、デスカンファレンスの議論は「できなかったこと」に集中しがちですが、「できたこと」を積極的に評価し、チームの意欲を高めることも忘れてはいけません。

看取りケアを振り返る

■ デスカンファレンスの手順

看取りケアに対する
家族の評価を調査 ＞ デスカンファレンスの
実施 ＞ 看取りケアを振り返り、
ケアが妥当だったかを
検証（議事録に残す）

デスカンファレンスで話し合う内容

❶ 看取りケアの開始時期の妥当性
❷ 入所者や家族への対応について
　・説明　　　　　・看取りケア開始後の精神的変化や態度
❸ 入所者・家族の理解度
　・病状について　・予後について　・「看取りケア計画書」（目標）について
❹ 家族の協力体制
❺ 疼痛への対応
❻ 疼痛以外の苦痛への対応
❼ 家族の身体・精神の状態への対応
❽ 入所者や家族の抱える社会的、経済的な問題への対応
❾ 入所者・家族とスタッフの信頼感
❿ 職員教育、介護サービスの提供について
⓫ 看取りケアで実施した活動レビュー
　・できたこと（評価すべき点）　　・できなかったこと（改善すべき点）
　・次回の看取りケアに生かせること

ココを押さえる！

「できなかったこと」「できたこと」の両方を評価することは看取りケアの糧となります。お互いの意見を交換することでチーム力の向上にもつながります。

デスカンファレンスで、看取りケアを振り返る資料とするために、家族などからアンケートをとっておくと有意義な対話ができます。

看取りケアに関するアンケート

入所者氏名: 桜井 △男 様 （享年85歳）　2024 年 2 月 15 日

回答者の続柄:□配偶者（　　）☑子（長男）　□孫　□その他（　　　　）

○○○○様の在りし日のお姿を偲び、心よりご冥福をお祈りいたします。

○○ホーム職員一同

1.○○ホームの看取り介護の実施について、あなたの感想をお聞かせください。

(1) 職員の対応について

☑大変満足している	□概ね満足している	□どちらとも言えない	□やや不満である	□不満である
理由を教えてください。	父親に寄り添ったお世話をしてくださいました。私が不安なときには相談にのってくださり、本当に心強かったです。			

(2) 医療・看護体制について

□大変満足している	☑概ね満足している	□どちらとも言えない	□やや不満である	□不満である
理由を教えてください。	当初は医師が常時いないことに不安を感じていましたが、入院していたときとさほど変わらない対応をしていただきました。			

(3) 介護サービスについて

☑大変満足している	□概ね満足している	□どちらとも言えない	□やや不満である	□不満である
理由を教えてください。	食事がほとんど食べられなくなってからは、口の中をお茶で湿らせたりしてくださいました。			

(4) 設備・環境面について

□大変満足している　☑概ね満足している　□どちらとも言えない　□やや不満である　□不満である
理由を教えてください。 施設の職員の皆さんが、毎日個室の掃除もしてくださいましたので、気持ちよく過ごすことができました。

(5) 看取りケア全般について

☑大変満足している　□概ね満足している　□どちらとも言えない　□やや不満である　□不満である
理由を教えてください。 施設で最後までお願いすると決めてから、面会しやすいように個室に移していただいたり、最後にお化粧を家族でさせてもらったり、心残りなく父を看取ることができました。

2.○○ホームに入所してから退所されるまでのあなたの感想をお聞かせください。

☑大変満足している　□概ね満足している　□どちらとも言えない　□やや不満である　□不満である
理由を教えてください。 介護職員さんを始め、看護師さん、栄養士さんなど多くの専門職が関わってくださったおかげで、自然なかたちで父を看取ることができました。ありがとうございました。

3.その他、ご意見がございましたらご記入ください。

この度は大変お世話になりました。ありがとうございました。

ご協力ありがとうございました。

デスカンファレンス議事録

チームケアの視点から、ご家族の思いや他職種への働きかけの影響などを記録に残すことは、以後のチームケアにも重要になります。

デスカンファレンス議事録

作成年月日 2024 年 2 月 17 日

入所者氏名　桜井 △男 様　　　　デスカンファレンス議事録作成者 (担当者) 氏名　山川○子

開催日　2024 年 2 月 17 日　開催場所　会議室　開催時間 13:00〜　開催回数　1回

会議出席者	所属 (職種)	氏名	所属 (職種)	氏名	所属 (職種)	氏名
	ケアマネジャー	山川○子	生活相談員	内田□也	看護師	岡田△美
	栄養士	鈴木○江				

家族からの評価	看取り介護に関する指針が示され、家族に向けた資料などもあって、施設の体制が充実していたと感じました。呼吸の変化など、お別れが近づいているサインを教えてもらい、それをつぶさに観察できて、看取りを深く体験できました。
検討した項目	①桜井様の看取りケア時にあったエピソードの振り返り ②桜井様の看取りケアにおける実践の振り返り ・看取りケア開始時期は適切だったか? ・看取りケアのご家族への説明方法は適切だったか? ・ご家族と信頼関係を構築することはできたか?

検討内容	・亡くなる3日前まで、経口でアイスクリームを召し上がることができ、ご家族もそのことに感謝していた ・施設で対応できること、対応できないことなどを事前に説明していたので、ご家族は看取り介護の意思が固まっていた ・看取りケアの経過を見ても感謝される場面が多く、家族への支援は適正な内容であったと考えられる
結論	【評価すべき点】 ・生活相談員が施設で対応できること、できないことを事前に説明していたことで、ご家族は入所の以前から桜井様の意向に沿う選択をすることができた ・褥瘡のハイリスク対象者にもかかわらず、良肢位でのポジショニングの確保や排泄介助の対応で、褥瘡発生を予防することができた 【改善すべき点】 ・タイミングは難しいが、死亡後の流れについての説明を、家族から問い合わせがある前にしておく必要があったと思われる
残された課題	・看取りケアの開始時期判断が難しい ・桜井様については、老衰による死亡であると、医師による確定診断が行えたが、どの入所者にも当てはまるとは限らない ・生前の意向について、事前に家族からある程度の情報を得ておく

50
教育

新人からベテランまで必要

スタッフに対して行う
グリーフケア

 自分の中に生まれた感情を認識し、整理する

　終末期の人に対するケアが少しずつ充実している一方で、ケアを行う側の精神的サポートは見過ごされがちです。死に寄り添うことにはどうしても精神的な疲労が伴い、ケアをしてきた入所者を失うことで悲しみや自責の念、無力感、敗北感などを抱くスタッフは少なくありません。介護職員を対象とした調査では、看取りケアにおいて無力感、自責の念、不安感、疲労感を経験するという回答が半数を大きく上回っています。

　そうした状態から立ち直るには、自分の中に生まれたさまざまな感情や心の揺れ動きをきちんと認識し、整理することが必要です。自分を見つめ直す作業は、悲しみやつらさからの回復を促し、人間的な成長ももたらします。

 施設として取り組み、スタッフ自身もセルフケアに努める

　入所者の死後に行われるデスカンファレンスは、スタッフのグリーフケアとしても有効です。デスカンファレンスは、家族にも参加してもらうのが理想ですが、家族がいることでスタッフが正直な気持ちを言い出しにくいようであれば、まずスタッフだけのカンファレンスを行うとよいでしょう。チームとして看取りケアに取り組んだ仲間に、自分の体験や気持ちを理解してもらい、お互いに共有することはとてもよいグリーフケアです。研修を通じて死や看取りについて学ぶこともグリーフケアにつながります。知識と体験が結びつくことによって、死生観も養われていきます。

　看取りケアを実施する施設は、スタッフの心のケアにも積極的に取り組み、経験の浅い職員のみならずベテランの職員にもグリーフケアの機会を提供することが必要です。自分の心の中を素直に見つめ、意識的にセルフケアすることを促しましょう。

看取りケアを行うスタッフの心とそのケア

▣ 看取りによる気持ちの変化の経験

喪失感	いつも感じる・時々感じる 69.3%	あまりない 30.8%
無力感	いつも感じる・時々感じる 64.6%	あまりない 35.5%
自責の念	いつも感じる・時々感じる 59.7%	あまりない 40.3%

出典：『介護職の看取り及びグリーフケアのあり方に関する調査研究』（一般社団法人セルフケア・ネットワーク）（2016年）

スタッフのグリーフケアにつながる取り組み

- デスカンファレンス
- 看取りケアにおけるポジティブな体験（家族に感謝されたなど）に焦点を当てた振り返りを行う
- 死や看取りケアに関する知識、死生観などに関する定期的・継続的な研修
- 生や死を扱った本（絵本を含む）を読み、感想を述べ合う
- 家族や他の入所者に対するグリーフケアを積極的に行う

スタッフに対するグリーフケアがもたらすメリット

- 看取りケアの質が向上する
- スタッフが人間的に成長する
- チームワークがよくなる
- 燃え尽き症候群による離職を防げる

ココを押さえる！

看取りケアに伴うストレスを理解し、施設としてメンタルケアを行うことで、スタッフの成長を促すことができ、看取りケアの質向上につながります。

看取りケアに対する不安への対応

スタッフの不安を理解し その軽減に皆で取り組む

 ## 「看取り」や「死」に対して不安を抱くのは当たり前

一般的な生活の中で人の「死」に接する機会はまれです。それだけに、死に関わることを「怖い」と感じるのは当たり前のこと。そもそも人間は死に対する純粋な恐怖を抱いています。また、長くお世話をしてきた入所者との別れも、介護職員をつらい気持ちにさせます。日に日に変化する状態に、適切に対応できるだろうかという不安もあるでしょう。とくに、1人夜勤のときは強い緊張を感じるはずです。入所者が亡くなったあとはエンゼルケアなど、遺体のケアも精神的、身体的に大きな負担となります。

介護職員が看取りケアに不安を感じる要因はさまざまです。気持ちが整理できていないと、漠然とした不安を抱えたままケアをすることになり、プレッシャーに耐えられなくなるスタッフも出てきます。

 ## 何が不安なのかを明確化して共有し、対策を考える

看取りケアに携わるスタッフの不安を軽減し、看取りケアに向き合う力、成長する力を養うために重要なのは、どのようなことが不安なのかを明確にすることです。勉強会や研修会の中で意見を交わしたり、アンケート調査を行って普段はなかなか表明できない不安を聞き取ったりしてもよいでしょう。そうやって出てきた具体的な不安に対して、一つひとつ対応策を考えます。

スタッフの不安に耳を傾け、働きやすい環境をつくる姿勢が、働く人の不安軽減につながります。看取りケアの意義や心構えを伝えることも大切ですが、それだけでよい看取りケアはできません。死に対しては誰もが恐れを抱き、そのケアに不安を感じるという事実を共有し、支え合えるような職場環境を互いにつくることが大切です。

スタッフが感じる不安を聞き取り理解する

介護職員が抱きやすい看取りケアに対する不安など

- 死に対する純粋な恐怖
- 過去に経験したことのない場面に立ち会う不安
- 適切に対処するための知識や技術に対する不安
- 入所者や家族の重要な節目で失敗できないというプレッシャー
- １人夜勤での対応への不安
- エンゼルケアなど遺体に対するケアの不安
- 長くケアしてきた入所者との別れに対する悲しみ

これらのほかにも、さまざまな不安があるでしょう。感じ方も１人ひとり違うはずです。
スタッフの不安を具体的に知ることが、不安軽減策を考える上で役立ちます。

看取りケアに対する不安について聞き取る際のポイント

- 勉強会や研修会、個人面談、アンケートなど多様な方法で聞き取る
- 聞き取りは心理的安全性を保てる環境で行う
- 感じていることは事実なので否定しない（聞く側の主観を押し付けない）
- 秘密は守る
- 過度に踏み込んだ質問はしない など

ココを押さえる！

看取りケアに関する不安を理解し、不安軽減のための
方策を考え実行することは、安心して働ける環境づく
り、ひいては離職の防止につながります。

看取りケアの不安を和らげる

基本的な知識や技術、そして立ち直る力を養う

知識や技術に対する不安をまず取り除く

　人はよくわからないものほど強い不安を抱きます。だからこそ、「死」が生の延長線上にあること、死に際して起こる体の変化、死を前にしたときの人間心理など、看取りに必要な知識を身に付けることが不安軽減の第一歩となるのです。その上でケアの技術研修を実施し、自信を持って行えるように支援することが大切です。スタッフによるワーキンググループを設置し、スタッフ目線の研修を行うことも有効です。

　誰も受け止めてくれない・頼れないと感じてしまうと、不安やプレッシャーに押しつぶされやすくなります。不安を普通に打ち明けられるような職場づくりが求められます。

燃え尽きを防ぎ、「レジリエンス」を高める

　看取りケアにはストレスが伴い、経験のあるスタッフでも心身が消耗します。それがむしろ当然で、何も感じなくなってしまう方が問題です。

　熱心に看取りケアに向き合ってきたスタッフが燃え尽きてしまう「バーンアウトシンドローム」は、入所者や家族の気持ちに寄り添うあまり、自分自身も精神的に疲れてしまう「共感疲労」、頑張ってケアに取り組みたいと思っているのに、環境や制度の壁に阻まれてできないときに感じる「道徳的苦悩（モラル・ディストレス）」といったものから引き起こされることがあります。このような心理について皆が理解し、経験の多寡や勤務期間の長短にかかわらず、スタッフ同士がケアし合う関係を構築しましょう。

　心を痛める場面や、自分の無力さを感じる場面に直面する中で、適応力を高めていく過程を「レジリエンス（回復力、復元力）」といいます。レジリエンスは人間的な成長をもたらし、看取りケアの質を上げることにつながります。

バーンアウトシンドローム（燃え尽き症候群）を防ぐ

バーンアウトシンドロームとは

困難なことに長く熱心に取り組んできたことにより、心身が極度に疲労し、心が折れてしまった（情緒が枯渇した）状態のことです。仕事に対して情熱を失ったり、意味を感じられなくなったりします

バーンアウトシンドロームを引き起こす要因

共感疲労

心に傷を負った人をケアする中で、相手の気持ちに共感や同情をするあまり、自分自身が傷つき、精神的に疲れてしまう

道徳的苦悩（モラル・ディストレス）

自分が倫理的に適切または正しいと思う行為が、制度などが障害となってできない場面で起こる苦悩。介護職としての責務を果たせず、無力感や孤独感を感じたときなどに生じる

レジリエンスを養うためには

職場ができること
- 不安や恐れ、悲しみ、つらさなどについて安心して話せる環境をつくる
- 勉強会や研修会で知識を提供するとともに、組織として取り組む姿勢を示す
- 外部研修や関連書籍などの情報提供

スタッフ個人ができること
- 仲間と話し合う
- 看取りケアに伴うストレスや、レジリエンスについて積極的に学ぶ
- 職場以外にも共通の課題について話したり考えたりできる場所（看取りケアに取り組む有志の集まりなど）を見つける
- 生活の中に楽しみを見つける

ココを押さえる！

スタッフを多面的にサポートし、スタッフが自分自身でも心の健康を保つための勉強や活動に積極的に取り組めるような環境、雰囲気づくりを目指します。

（ 死生観は人それぞれ ）

　死後の世界の考え方は、民族や宗教などによって異なり、個人によっても千差万別です。とくに宗教の影響は大きく、例えば、人は何度も生まれ変わるという輪廻転生の考え方はインドのバラモン教に由来します。キリスト教の死は、神のもとへ召されることであり、忌むものではありません。死後の肉体についての考え方もいろいろで、インド起源の宗教では、肉体は霊魂の容れ物にすぎないため火葬にされますが、キリスト教やユダヤ教、イスラム教などでは火葬は禁忌とされ基本的に土葬です。

　個人レベルでも、あの世へ行ったら先に亡くなった人に会えると信じている人、生の前後は何もない無であると考えている人、神や閻魔大王による審判を受けるという人などさまざまでしょう。

　「死」を考えることは、いかに今を生きるかにつながります。いわゆる「終活」に注目が集まっていますが、自分の葬儀やお墓などについて具体的に考えたら（決めたら）死が怖くなくなったという人は少なくなく、それが「終活」の広がりを後押ししているのかもしれません。

　よい看取りケアのヒントは入所者の死生観の中にあります。入所者や家族と生や死に関する会話を自然にするためにも、看取りケアに携わる人は自分なりの死生観を持つ一方で、他人の死生観も受け止める度量が求められます。

看取りケア Q&A

 どのような手順で看取りケアを行う体制をつくればいい？
最初に取り組むべきことは？

 手順は決まっていませんが、
看取りケア委員会をつくるとスムーズに進みます。

　看取りケアの体制は、施設が組織として明確な方針を打ち出すとともに、施設のスタッフ全員が納得できるものにつくり上げなければなりません。そのためには、各部署（各職種）からまんべんなくメンバーを集めた委員会の設置が有効です。

　委員長は施設長が務め、スタッフたちの率直な意見をすくい上げながら議論を進めます。施設長が委員長につく理由は、委員会の決定事項をのちに施設長が覆すといった事態を避けるためと、看取りケアに対する考え方をスタッフと擦り合わせていく過程で相互理解が深まり、看取りケアの質向上につながるためです。したがって、委員長は必ず毎回参加するようにします。また、看取りケアを始める目標時期を設定し、それに向けて委員会を定期開催していきます。

 「看取り介護に関する指針」を作成する上で大切なことは？

 看取りケアにかかわる人すべてが
理解、納得できるものにしましょう。

　「看取り介護に関する指針」は、施設の看取りケアの方向性を示すものです。施設の理念、風土、体制に加え、地域性などに即した、実効性のあるものにすることが重要です。それを踏まえた上で、「特別養護老人ホームにおける看取り介護ガイドライン」（三菱総合研究所／2007年）や「看取り介護指針・説明支援ツール【平成27年度介護報酬改定対応版】」（公益社団法人 全国老人福祉施設協議会）、他施設の指針などを参考にするとよいでしょう。

　施設のスタッフや配置医だけでなく、入所者や家族、関係機関など、すべての人に施設の考えが伝わるようなものにすることも大切です。

入所者の死にショックを受け、
落ち込んでしまった介護職員をどうサポートすればいいの？

 職員の気持ちを否定することなく受け止め、何にショックを受けたの
か具体的に聞き、それに応じたサポートを行います。

　看取りケアの担い手となる職員には、研修などを通じてあらかじめ看取りケアの知識や技術、
施設の方向性などを教育し、理解を深めておくことが求められます。しかし、実際に入所者の死
を経験すると、ショックを受けることがあります。それは必ずしも悪いことではないので否定し
たり責めたりせず、入所者に心を寄せ、一生懸命ケアに取り組んだ結果だとまず評価します。そ
の上で、死に向かう状態変化を見るのがつらかったのか、自分のケアに落ち度があったと考えて
いるのか、あるいは死そのものに恐怖を感じたのか、具体的に聞きましょう。ショックの原因が
明らかになれば、必要なケアやサポートも見えてきます。

　このような経験はマイナスではなく、むしろ成長の糧になります。スーパービジョンなどの技
法を使い、いつでも適切なサポートができる体制を整えるとよいでしょう。

 デスカンファレンスを行っても、
なかなか意見が出てこないのですが……。

 どのような内容を話してほしいかを、あらかじめ個々のスタッフに伝
えておきましょう。話しやすい雰囲気づくりにも配慮します。

　実際に行った看取りケアの流れを簡単にまとめ、カンファレンスの進行や、発言の順番を記し
た文書を事前に渡しておくとよいでしょう。生活相談員は入所者や家族の意向にどれだけ沿うこ
とができたか、ケアマネジャーは看取りケア計画書に対する自己評価、介護職員にはケア内容や
出来事、ケアをする中で感じたことなど、話してほしいことを具体的に書いておくと、発言しや
すくなります。発言に対して否定的なことを言わないなど、誰もが自由に率直に話せるような
ルールを作ることも有効です。カンファレンスを行う場所、机や椅子の配置など、環境にも配慮
しましょう。

　全員が発言し、それを共有するカンファレンスの経験を重ねていくうちに、自分の考えを深め
てそれを伝えるというスキルが身についていきます。

夜間の対応に介護職員が不安を抱かないようにするには？

**状態の変化に合わせ行動を示したマニュアルを作成し、
オンコール体制も整えましょう。**

　夜間に呼吸状態が変化したり、心肺停止となったりした場合、誰に、どのような方法で連絡するのかを、マニュアルとして明文化しておきましょう。医師や看護師の納得を得る必要があるので、看取りケア委員会などを通じて話し合い、行動やオンコールのルールを定めます。例えば、夜間に心肺停止となったら複数の職員で確認したのち、医師（看護師）に連絡する、あるいは朝まで待って連絡するなどです。家族への説明の仕方もマニュアル化し、統一しておくとよいでしょう。

　介護職員の不安を軽減するためには、介護職員が何に不安を感じているのかを知り、的を射た対策を立てることが重要です。実際に困ったことを拾い上げる仕組みをつくり、より安心して看取りケアに取り組めるマニュアルに進化させていきましょう。

職員研修の講師を担当する生活相談員やケアマネジャー、
看護師などへの教育や指導はどうすればいいの？

**講師として人に教えること自体が、学び直しや、知識や考えの深まり
につながりますが、外部の研修に積極的に参加してもらいましょう。**

　相談員やケアマネジャー、看護師だからといって、必ずしも看取りケアの経験が十分にあるわけではありません。それでも、各々の専門性を生かして介護職員を教育することは可能です。また、人に教えるためには自分の知識を改めて点検し、足りないところを補うという作業が欠かせず、それによって本人の知識レベルが向上するので、講師をする側にも大きな学びとなります。

　知識があっても伝え方がよくないと教育効果は低いので、その点を検証する必要はあります。施設長などは、研修を受ける側の意見を聞き、伝え方のスキルアップができるような指導、支援をしましょう。

施設に霊安室がない場合はどうすればいいの？

看取りを行った部屋を整えて故人を弔い、
葬儀業者が到着するのを待ちましょう。

　特別養護老人ホームは霊安室の設置を義務付けられていないので、霊安室がない施設も少なくありません。霊安室がない場合は、エンゼルケアが終わったあと部屋を整えて葬儀業者が到着するまで安置しましょう。

　葬儀業者の到着まで時間があるようなら、祭壇を設置してもよいでしょう。祭壇は、献水と献花に加え、できれば線香をあげたいですが、他の入所者の理解が得られない場合は献水と献花だけでもいいでしょう。故人や家族が信仰する宗教やその土地の習慣にも考慮します。

エンゼルケアで、
体腔に青梅綿や脱脂綿を詰める処置はしなくて大丈夫？

医学的なエビデンスに基づき、綿詰めよりも冷却を優先します。

　以前は、体液が流れ出ないように体腔に青梅綿や脱脂綿を詰めていましたが、冷却することにより腐敗の進行を遅らせ、体液が流れ出るのを防ぐことができるという理解が広まり、現在は冷却が優先されるようになっています。体液の流れ出るリスクが高い場合は、高分子吸収体を挿入します。

　エンゼルケアにおいて、以前と変わったことは他にもあります。例えば、手を組ませるために縛ったりせず、おなかの上や脇に自然に置く、口を閉じるために縛るのではなく、あごの下にタオルや脱脂綿を入れて枕を高くする、消毒液で清拭するのではなく、お湯で普通に清拭するなどです。胃ろうなども無理に外すことはしません。ご遺体を傷つけず、負担の少ない方法、やさしい方法がとられるようになっています。

看取りケア開始後に、これまで一度も面会に来たことのない親族があらわれ、「病院に連れて行け。見殺しにするのか」などと怒り出すこともあるようですが、対処法は？

入所者と家族の意向により、同意を得て看取りケアを行っていることを経過も含め丁寧に説明し、他の家族と話し合えるように調整します。

　看取りに対して意見の異なる親族が突然あらわれるという事態は、自宅の看取りでも時折みられるようです。施設においては、施設側にこれまでの流れをきちんと説明する責任があります。同意書を提示しながら、入所者と家族の意向に沿って看取りケアを行っていることを伝えましょう。入所者との意思疎通が困難なために家族の同意のみの場合は、より丁寧な説明が必要になります。説明を終えたら家族に連絡して事情を伝え、話し合いの場を持つように促します。

　スタッフは説明や交渉のスキルを磨き、最終的に家族の総意で看取りケアが行えるように支援していきましょう。

医師が死亡診断を行い、医療機関などに戻ってしまったあとに家族が到着した場合、施設スタッフが死亡診断の説明をしてもいいの？

施設のスタッフが、死亡診断書に基づき死亡診断について説明することには、何の問題もありません。家族には入所者の最期の様子などを伝え、ゆっくりお別れできる環境と時間を提供しましょう。

　家族には、医師が医療機関に戻らなければならなかった理由をまず説明し、医師からの伝言を伝えるという形で説明するとよいでしょう。死亡診断書の「直接死因」の欄に記されている死亡の原因や、亡くなった時間などに加え、亡くなるまでの経過や最期の様子なども伝えましょう。遠方などの理由で頻繁に面会に来られなかった家族には、入所してからの様子や印象に残っていること、その人らしいエピソードなども伝えると、家族の心を慰めることにつながります。

　家族が故人とゆっくりお別れをするための環境と時間を提供することも忘れないようにしましょう。

[著者プロフィール]
介護と医療研究会（かいごといりょうけんきゅうかい）
介護・医療関係をテーマに編集・執筆を行うグループ。介護・医療雑誌の取材、執筆などを手がける。介護・医療関係者が在籍し、介護業界をよりよくするために意見を交わしている。

[監修者プロフィール]
水野敬生
（みずの・たかお）
社会福祉法人一誠会常務理事・統括施設長。特別養護老人ホーム第二偕楽園ホーム施設長。デイサービスセンター初音の杜・グループホーム初音の杜管理者。1984年駒澤大学文学部社会学科社会福祉コース卒業。社会福祉法人浄風園特別養護老人ホーム浄風園へ介護職員として入職。1988年社会福祉法人光照園特別養護老人ホーム王子光照苑へ生活相談員として入職。2005年同法人王子光照施設長に就任。2008年同法人江戸川光照苑施設長に異動。2014年社会福祉法人一誠会偕楽園ホーム施設長に就任。社会福祉法人一誠会常務理事に就任。

- **装丁デザイン**　　西垂水敦・内田裕乃（krran）
- **本文イラスト**　　kikii クリモト
- **DTP**　　株式会社 シンクス
- **執筆協力**　　天野敦子

SHOEISHA iDメンバー購入特典

特典ファイルは、以下のサイトからダウンロードして入手いただけます。

https://www.shoeisha.co.jp/book/present/9784798184029

看取りケア 介護スタッフのための医療の教科書

2024年4月24日　　　　初版第1刷発行

著　者	介護と医療研究会
監　修	水野敬生
発行人	佐々木幹夫
発行所	株式会社翔泳社（https://www.shoeisha.co.jp）
印刷・製本	中央精版印刷株式会社

ISBN978-4-7981-8402-9
Printed in Japan